T0118776

LE MAÎTRE

DANS LA MÊME COLLECTION

Translatio
Philosophies Médiévales

Directeurs : Jean-Baptiste BRENET et Christophe GRELLARD

THOMAS D'AQUIN

LE MAÎTRE

QUESTIONS DISPUTÉES SUR LA VÉRITÉ
QUESTION XI

Introduction de
Ruedi **IMBACH**

Texte latin de l'édition Léonine
traduit et annoté par
Bernadette **JOLLÈS**

PARIS
LIBRAIRIE PHILOSOPHIQUE J. VRIN
6 place de la Sorbonne, V^e
2016

© *Librairie Philosophique J. VRIN*, 2016

1983, pour la traduction

Imprimé en France

ISSN 1779-7373

ISBN 978-2-7116-2675-5

www.vrin.fr

UNE THÉORIE MÉDIÉVALE
DE L'ENSEIGNEMENT

> Ich soll nur der Spiegel sein, in welchem
> mein Leser sein eigenes Denken mit
> allen seinen Unförmigkeiten sieht, und
> mit dieser Hilfe zurecht richten kann.
>
> Ludwig Wittgenstein, *Vermischte
> Bemerkungen* 1931

Comment un homme peut-il enseigner, transmettre un savoir à un autre homme ?

Cette question est liée à la nature même de la philosophie, dans la mesure où la philosophie est aussi un acte social et communicatif. Le philosophe désire que les autres hommes le comprennent et si possible acceptent ce qu'il veut leur communiquer. Dès lors, les questions suivantes doivent être posées : que se passe-t-il lorsqu'un maître enseigne ? Comment se passe la transmission du savoir ? Quelles sont les conditions de cet acte chez l'enseignant et chez l'élève ?

Lorsqu'il pose ces questions, le philosophe ne pense pas d'abord aux meilleurs moyens didactiques pour faire passer le message, mais il s'interroge sur ce qui en fin de compte rend possible l'enseignement. Comment faisons-nous pour apprendre ? Comment faut-il enseigner ? Indépendamment du contenu qui devrait être transmis par l'enseignement, le philosophe peut donc s'interroger sur les conditions de possibilité de l'enseignement en tant que tel.

Dans les questions disputées qui portent le titre général *De la vérité (De veritate)*, Thomas d'Aquin consacre la question XI entièrement à ce problème : *Du maître (De magistro)* [1]. Ces questions ont été soutenues par Thomas à Paris au cours de son premier enseignement magistral, de la fin du printemps 1256 au début de l'été 1259 [2]. Le maître dominicain revient à ce thème vers la fin de sa vie, puisqu'il consacre dans sa *Somme théologique* (Ia pars, q. 117) une question avec le titre très significatif : *Un homme peut-il enseigner un autre* ? Pour permettre une compréhension du sens et de la portée de ces deux textes dont on trouvera dans ce volume le texte latin et la traduction française, nous voudrions dans cette introduction aider le lecteur à situer – rapidement

---

1. Nous désignerons dans la suite ce texte DM ; pour la *Somme théologique* nous utiliserons l'abréviations *ST*. Pour la traduction française de cette œuvre nous suivons celle du P. Roguet (*Somme théologique*, avec la collaboration de A.-M. Roguet, A. Raulin, A.-M. Dubarle, C. Geffré, E. Neyrand, J.-H. Nicolas, J.-M. Maldamé, M.-J. Nicolas, 4 volumes, Paris, Cerf, 1985-2000) en la rectifiant souvent. Pour la biographie de Thomas d'Aquin *cf.* J.-P. Torrell, *Initiation à saint Thomas d'Aquin. Sa personne et son œuvre*, 2ᵉ éd., Paris, Cerf, 2002 (éd. citée) ; nouvelle édition remaniée, Paris, Cerf, 2015.

2. Cette œuvre thomasienne a été édité de manière critique comme volume XXII de l'édition Léonine, Roma, Editori di San Tommaso, 1975. C'est ce texte critique qui est publié dans notre volume. Pour une première information sur cette œuvre *cf.* R. Imbach, A. Oliva, *La philosophie de Thomas d'Aquin*, Paris, Vrin, p. 96-102.

– ces réflexions thomasiennes d'abord dans un cadre historique[1] (sections 1-4) et ensuite dans un contexte philosophique (sections 5-10).

1. *Quelques précisions terminologiques*

Pour commencer, il convient de donner quelques précisions sur le vocabulaire scolaire du Moyen Âge[2]. Dans un premier temps, il faut clarifier les notions *d'étudiant* et de *maître*.

Trois termes sont habituellement utilisés pour désigner les enseignants, les professeurs d'universités à partir du XIIIe siècle : *magister, doctor, professor*[3]. Le terme *magister* est utilisé pour désigner une personne qui, grâce au *curriculum* universitaire qu'il a parcouru, a obtenu le droit d'enseigner dans une des Facultés de l'université médiévale. Ce titre exprime un droit que l'on

1. On trouvera une première orientation sur l'enseignement au Moyen Âge dans P. Riché, J. Verger, *Maîtres et élèves au Moyen Âge*, Paris, Pluriel, 2013 ; P. Gilli (éd.), *Former, enseigner, éduquer dans l'Occident médiéval (1100-1450)*, 2 vol., Paris, SEDES, 1999. Ces deux volumes contiennent un important nombre de documents traduits en français qui représentent une très riche information. Pour une très utile vue d'ensemble *cf.* L. Boehm, « Das mittelalterliche Erziehungs- und Bildungswesen », in *Propyläen-Geschichte der Literatur*, vol. 2 : *Die mittelalterliche Welt. 600-1400*, Berlin, Propyläen Verlag, 1982, p. 143-181.

2. Voir à ce propos les différents volumes de la collection CIVICIMA, Études sur le vocabulaire intellectuel du Moyen Âge, en particulier : *Terminologie de la vie intellectuelle au Moyen Âge*, édités par O. Weijers, Turnhout, Brepols, 1988 ; *Vocabulary of Teaching and Research Between Middle Ages and Renaissance*, edited by O. Weijers, Turnhout, Brepols, 1995. L'ouvrage de référence sur ce sujet, extraordinaire d'érudition, plein de renseignements fort utiles est celui d'O. Weijers, *Terminologie des universités au XIIIe siècle*, Rome, Edizioni dell'Ateneo, 1987.

3. *Cf.* O. Weijers, *Terminologie*, p. 133-159.

peut ne pas exercer, puisqu'on fait la distinction entre les *magistri (actu) regentes* et les *magistri non regentes*. Le premier syntagme désigne les professeurs titulaires d'une chaire.

A ces trois notions, il faut encore ajouter celle de *lector*, le lecteur [1]. Ce terme est en général employé au XIII e siècle surtout dans le contexte des études des ordres mendiants [2] (à savoir surtout les franciscains [3] et les dominicains [4] qui ont joué un rôle considérable dans l'université médiévale). En effet, un *lector* est celui qui assure l'enseignement dans un couvent. Cela vaut également pour les augustins [5] et les

1. *Cf.* O. Weijers, *Terminologie*, P. 160-166.

2. *Cf.* D. Berg, *Armut und Wissenschaft : Beiträge zur Geschichte des Studienwesens der Bettelorden im 13. Jahrhundert*, Düsseldorf, Schwann, 1977; *Philosophy and Theology in the Studia of the Religious Orders and at Papal and Royal Courts*, edited by K. Emery, W. Courtenay and St. M. Metzger, Turnhout, Brepols, 2012.

3. *Cf.* H. Felder, *Geschichte der wissenschaftlichen Studien im Franziskanerorden bis um die Mitte des 13. Jahrhunderts*, Freiburg i. B., 1904; B. Roest, *A History of Franciscan Education (c. 1210-1517)*, Leiden, 2000.

4. Sur la formation dans l'ordre dominicain *cf.* M. Mulchahey, « *First the Bow Is Bent in Study... » Dominican Education before 1350*, Toronto, Pontifical Institute of Mediaeval Studies, 1998; « The Dominican Studium and the Universities of Europe in the thirteenth Century », dans J. Hamesse (éd.), *Manuels, programmes de cours et techniques d'enseignement dans les université médiévales*, p. 277-324. Voir aussi les contributions consacrées au dominicains dans le volume *Philosophy and Theology*, p. 1-217.

5. E. Ypma, *La formation des professeurs chez les ermites de Saint Augustin de 1265 à 1354 : un nouvel ordre à ses débuts théologiques*, Paris, Centre d'études des Augustins, 1956; G. Pini, « Building the Augustinian Identity : Giles of Rome as Master of the Order », in *Philosophy and Theology*, p. 407-425; R. Friedman, « How "Aegidian" Were Later Augustinian Hermits Regarding Intellectual Cognition? Gerard of Siena, Michael of Mass and the Object of the Intellect », in *Philosophy and Theology*, p. 427-478. A ce propos, il faut savoir que

Carmelites[1]. Entre les catégories des professeurs et des étudiants-auditeurs, se trouvent les étudiants qui participent déjà activement à l'enseignement : ces derniers sont appelés les bacheliers, les *Baccalarii*[2]. En général, le bachelier est un étudiant avancé qui donne déjà des leçons sous la responsabilité du maître. A Paris, cette fonction est devenue un grade universitaire que l'on obtient par un examen. Le cours donné par le bachelier n'est pas un cours ordinaire, il « lira » *cursorie* ou *extraordinarie*, gratuitement. Toujours à Paris, on distinguera, vers la fin du XIIIe siècle, au sein de la Faculté de Théologie, trois degrés de bacheliers : le bachelier biblique, le bachelier « sententiaire » (*sententiarius*) et finalement le bachelier formé qui participe déjà aux disputes[3].

Au Moyen Âge, un étudiant est appelé un *scolaris*[4], mot qui désigne parfois aussi tous les gens d'école. Comme terme technique, il vise un état bien défini. Selon les statuts de l'université de Cambridge par exemple, pour porter le nom de *scolaris*, il faut avoir choisi un maître

dans l'ordre dominicain par exemple, il fut décidé en 1228 qu'aucune communauté ne serait fondée sans être dotée d'un *lector* responsable de la formation des jeunes élèves et de la formation permanente des autres.

1. Sur la formation des Carmelites voir S. F. Brown, « The Early Carmelite Parisian Masters », in *Philosophy and Theology*, p. 479-491 ; B.F.M. Xiberta, *De scriptoribus scholasticis saeculi XIV ex ordine Carmelitarum*, Louvain, 1931.

2. *Cf.* O. Weijers, *Terminologie*, p. 173-180.

3. L'origine du terme *baccalarius* a été beaucoup débattue : certains pensent qu'il est d'origine celte, d'autres optent pour une origine arabe. Avant la naissance des universités, il désigne un jeune écuyer, ou un jeune noble.

4. *Cf.* O. Weijers, *Terminologie*, p. 167-173. Sur la condition d'étudiant au Moyen Âge, *cf.* J. Miethke, « Die Studenten », dans *Zeitschrift für historische Forschung*, Beiheft 1 : *Unterwegssein im Spätmittelalter*, Berlin, Duncker & Humblot, 1985, p. 49-70.

quinze jours après le début de l'année académique, être immatriculé, c'est-à-dire avoir inscrit son nom dans la liste que tient le professeur de la Faculté (la *matricula* est le registre des personnes). En outre, il doit suivre les cours au moins pendant trois jours de la semaine et suivre au moins trois cours différents.

Il est utile d'apporter d'autres précisions terminologiques à propos des notions médiévales de *clericus* et de *laïcus*[1]. Dans la langue française, le mot clerc possède aujourd'hui encore un double sens. On désigne d'abord celui qui a embrassé l'état ecclésiastique, mais également l'expert, le lettré, l'instruit. Cette double signification est l'héritage du mot latin *clericus* et de son usage médiéval. Cette ambiguïté caractérise aussi le terme *laïcus* qui s'oppose à *clericus*. Dans la société médiévale et ce jusqu'à la Réforme, le *laïcus* désigne à la fois le non-clerc et celui qui n'est pas expert, qui n'est pas lettré. Le terme est alors synonyme de *idiota* ou *illitteratus*. Cette opposition comprend d'ailleurs non seulement un aspect théologico-canonique mais touche aussi à l'histoire de l'éducation et de l'instruction – et il ne faudra pas négliger la dimension proprement politique[2].

Il est judicieux de préciser également les notions concernant l'activité du professeur et du disciple, à savoir sur les termes par lesquelles on désigne *l'activité scientifique*[3]. Tout d'abord il convient de rappeler la

1. A ce propos *cf.* R. Imbach, C. König-Pralong, *Le défi laïque*, Paris, Vrin, 2013.

2. Nous avons essayé de montrer qu'il existe cependant une philosophie des laïcs qui mérite un grand intérêt : *Dante, la philosophie et le laïcs*, Paris, Cerf, 1996.

3. Pour ce qui est du vocabulaire thomasien, on peut recommander : Ph.-M. Margelidon, Y. Floucat, *Dictionnaire de philosophie et de théologie thomistes*, Paris, Parole et silence, 2011.

signification de cinq notions qui, dans ce contexte, ont joué un rôle considérable. En effet, dès le XIIIᵉ siècle, donc dès la traduction du corpus aristotélicien dans son ensemble,[1] un passage de *l'Ethique à Nicomaque* (VI, chap. 3) a fourni un vocabulaire précis concernant les habitus intellectuels. Aristote y dit en effet :

> Partons donc de l'opinion régnante selon laquelle les états habituels qui font que l'âme dit vrai lorsqu'elle affirme ou lorsqu'elle nie sont au nombre de cinq, ce sont l'art (*techne*), la science (*episteme*), la prudence (*phronesis*), la sagesse (*sophia*), l'intelligence (*nous*)[2].

Ce passage exige quelques explications. Sans pouvoir clarifier définitivement le sens et la portée du passage lui-même, il faut rappeler que les scolastiques ont compris cette affirmation de la manière suivante : il y aurait cinq habitus de l'âme qui ont un rapport à la vérité. *Habitus* (hexis) est un terme technique issu de l'aristotélisme désignant une disposition acquise de l'âme. Thomas d'Aquin explique que ce mot vient du verbe avoir (*habere*) et désigne ou bien le fait de posséder quelque chose (au sens courant) ou bien ce terme veut dire « qu'une réalité en quelque sorte se possède en elle-même ou à l'égard

---

1. J. Brams, *La riscoperta di Aristotele*, Milano, Jaca Book, 2003 ; voir également la section « Aristotele in the middle ages », in *The Cambridge History of Later Medieval Philosophy, from the Rediscovery of Aristotle to the Disintegration of Scholasticism 1100-1600*, edited by N. Kretzmann, A. Kenny, J. Pinborg, E. Stump, Cambridge, Cambridge University Press, 1982 p. 43-79.

2. *L'Ethique à Nicomaque*, introduction, traduction et commentaire par R. A. Gauthier, J. Y. Jolif, 2ᵉ éd., t. I, 2, Louvain-Paris, Publications universitaires–Nauwelaerts, 1970, p. 163.

d'autre chose » [1]. Thomas cite à propos de la deuxième signification Aristote qui dit que l'habitus est quelque chose dans le sujet qui le dispose bien ou mal pour agir avec aisance. [2] C'est donc une certaine disposition du sujet. Ontologiquement parlant, c'est une qualité acquise, un perfectionnement en vue de l'opération. Les vertus et les vices sont dans ce sens, des habitus. Cependant le texte cité d'Aristote parle d'habitus spéculatif – la tradition les a désigné comme vertus intellectuelles. Elles sont au nombre de cinq comme ledit texte le précise : art (*ars*), science (*scientia*), prudence (*prudentia*), sagesse (*sapientia*) et intuition (*intellectus*) [3].

Le terme *scientia* considéré par rapport au sujet connaissant, désigne pour un médiéval un habitus de l'âme qui est spécifié par la preuve, la démonstration : *habitus demonstrativus*. Par démonstration on entend au sens stricte le syllogisme aristotélicien, par conséquent, science désigne cette manière de connaître qui se sert

1. *ST* I-II, q. 49, a. 1 : « Respondeo dicendum quod hoc nomen habitus ab habendo est sumptum. A quo quidem nomen habitus dupliciter derivatur, uno quidem modo, secundum quod homo, vel quaecumque alia res, dicitur aliquid habere; alio modo, secundum quod aliqua res aliquo modo se habet in seipsa vel ad aliquid aliud. »

2. *ST* I-II, q. 49, a. 1 : « Si autem sumatur habere prout res aliqua dicitur quodam modo se habere in seipsa vel ad aliud; cum iste modus se habendi sit secundum aliquam qualitatem, hoc modo habitus quaedam qualitas est, de quo philosophus, in V Metaphys., dicit quod habitus dicitur dispositio secundum quam bene vel male disponitur dispositum, et aut secundum se aut ad aliud, ut sanitas habitus quidam est. Et sic loquimur nunc de habitu. Unde dicendum est quod habitus est qualitas. »

3. Pour la conception thomasienne des vertus intellectuelles cf. *ST* I-II, q. 57. Dans l'article 2, la vertu intellectuelle est définie comme suit : « La vertu intellectuelle spéculative est celle qui perfectionne l'intellect spéculatif dans la connaissance du vrai, car c'est là son œuvre bonne. »

de la preuve syllogistique qui pour un aristotélicien représente la preuve la plus puissante.

A cette caractéristique importante de la science concernant la démarche, on peut, dans un contexte aristotélicien ajouter une autre spécificité de la science qui concerne, cette fois, l'objet : dans le passage déjà cité, Aristote l'explique en disant que ce que nous savons de science ne peut pas être autrement. En d'autres termes, l'objet de la science est nécessaire, étant admis que le nécessaire est identique à ce qui ne peut être autrement. Et du même coup, Aristote ajoute que cet objet est aussi éternel :

> Nous admettons tous que ce que nous savons de science ne peut être autrement qu'il n'est. Au contraire, dès que nous cessons de regarder les choses qui peuvent être autrement qu'elles ne sont, nous ne savons plus si elles sont ce qu'elles étaient ou si elles ne le sont plus. Par conséquent, l'objet de la science est nécessairement ce qu'il est. Par conséquent, il est éternellement ce qu'il est[1].

L'art, contrairement à la science, n'est pas un habitus spéculatif, à savoir une disposition entièrement orientée vers la connaissance, mais un habitus opératif, ce qui veut dire que l'art vise la production ou la fabrication de quelque chose. Il faut d'abord noter que pour Aristote comme pour ses disciples médiévaux, l'art en question n'est pas celui de l'artiste, mais on parle ici de l'artisanat et de la production artisanale. Dès lors, la description thomasienne de l'art devient claire : « l'art n'est pas

---

1. *Ethique à Nicomaque* VI, 3, trad. cit., p. 163.

autre chose que la droite règle des ouvrages à faire »[1]. Par conséquent, l'art est ce type de savoir qui préside à la fabrication ou la production de certaines choses. L'objet de ce type de connaissance est donc contingent : cela est vrai aussi de la prudence. Thomas la définit, par analogie avec l'art, comme « la droite règle dans l'action »[2]. Est ici présupposée la très importante distinction entre deux activités humaines : la fabrication d'un objet et l'action. Cette différenciation d'origine aristotélicienne (*Met.* VIII, 9, 1050a30), Thomas la paraphrase comme suit :

> Le premier (faire) est un acte qui passe dans une matière extérieure, comme bâtir, tailler, etc.; le second un acte qui demeure dans l'agent lui-même, comme voir, vouloir, etc.[3]

La *prudence* est par conséquent cette vertu qui oriente la conduite de la vie humaine dans son ensemble : la vertu du bon gouvernement de soi. Pour ce qui est de la sagesse, nous pouvons dire qu'elle est le couronnement et l'achèvement de la science. Il s'agit bien d'une connaissance scientifique, mais c'est celle qui traite des objets les plus élevés et qui – au terme de l'effort

1. *ST* I-II, q. 57, a. 3 : « Ars nihil aliud est quam ratio recta aliquorum operum faciendorum. »

2. *ST* I-II, q. 57, a. 4 : « Ars autem facit solum facultatem boni operis, quia non respicit appetitum. Prudentia autem non solum facit boni operis facultatem, sed etiam usum, respicit enim appetitum, tanquam praesupponens rectitudinem appetitus. Cuius differentiae ratio est, quia ars est recta ratio factibilium; prudentia vero est recta ratio agibilium. »

3. *ST* I-II, q. 57, a. 4 : « Differt autem facere et agere quia, ut dicitur in IX Metaphys., factio est actus transiens in exteriorem materiam, sicut aedificare, secare, et huiusmodi; agere autem est actus permanens in ipso agente, sicut videre, velle, et huiusmodi. »

philosophique – aborde le problème des causes ultimes ou premières de la totalité du réel. C'est ce type de savoir qu'Aristote évoque au début de la *Métaphysique*. Pour Thomas d'Aquin, cette sagesse est identique à la philosophie première et représente la reine des sciences :

> Et comme "les choses qui sont connues en dernier lieu par rapport à nous sont premières et plus connues selon la nature", comme il est dit au livre I de la *Physique* il s'ensuit que ce qui est ultime par rapport à toute connaissance humaine, c'est ce qu'il y a de premier et de plus connaissable par nature. Et c'est à cela que s'applique "la sagesse qui considère les causes les plus hautes" selon le livre I de la *Métaphysique*. Aussi convient-il qu'elle juge et règle tout, parce qu'un jugement définitif et universel ne peut avoir lieu qu'en remontant aux causes premières » [1].

Pour comprendre le dernier des cinq termes qu'Aristote énumère, *intellectus*, il faut distinguer la connaissance acquise par un discours, donc par un certain mouvement, et la connaissance immédiate et directe, qui est une sorte d'intuition : Thomas parle de ce qui est « connu par soi » et il veut dire par là : ce qui est saisi immédiatement. L'habitus d'une telle saisie directe et immédiate est ici appelé *intellectus*. Il s'agit de la saisie des principes (plus particulièrement du principe de la non-contradiction) qui sont la base de toute connaissance scientifique :

> Le vrai peut être envisagé de deux façons : comme connu par soi, et comme connu par autre chose. Connu par soi, il se présente comme un principe et il est immédiatement perçu par l'intellect. C'est pourquoi

1. *ST* I-II, q. 57, a. 2.

l'habitus qui perfectionne l'esprit dans cette façon de connaître le vrai est appelé simple intelligence, et c'est l'habitus des principes[1].

Pour compléter ce tableau, on peut ajouter que les termes *doctrina* et *disciplina* désignent deux modes d'acquisition du savoir[2] : le second terme vise la réception d'une connaissance de la part d'un autre tandis que le premier indique plutôt la transmission du savoir à un autre[3].

2. *Les lieux de l'enseignement*

L'enseignement est un acte social qui inclut au moins deux acteurs, l'enseignant et la personne qui reçoit son enseignement. Or, il ne faut pas oublier que l'enseignement n'implique pas seulement plusieurs agents, mais encore s'effectue dans un *lieu et à un moment précis du temps*. On pourrait à ce propos parler non seulement d'une chronologie mais encore d'une

---

1. *ST* I-II, q. 57, a. 2. Il ne faut pas confondre cette signification d'*intellectus* avec l'autre sens du terme, à savoir l'intellect comme *faculté* de l'âme, opposé à la volonté. Dans un cas, il s'agit de désigner le pouvoir même par lequel l'homme est capable de connaître, dans l'autre cas il s'agit d'une disposition de ce pouvoir (un certain regard de l'intellect, *intuitus*).

2. *ST* II-II, q. 16, art. 2 : « acceptio quidem scientiae vel intellectus fit per doctrinam et disciplinam. »

3. *In Anal. Post.* I, lect. 1, n. 9 : « Nomen autem doctrinae et disciplinae ad cognitionis acquisitionem pertinet. Nam doctrina est actio eius, qui aliquid cognoscere facit ; disciplina autem est receptio cognitionis ab alio. » Sur la notion de doctrine chez Thomas *cf.* A. Oliva, « *"Doctrina" et "sacra doctrina" chez Thomas d'Aquin* », *in* Ph. Büttgen, R. Imbach, U.J. Schneider, H.J. Selderhuis (eds.), « *Vera doctrina* ». *Zur Begriffsgeschichte der Lehre von Augustinus bis Descartes. L'idée de doctrine d'Augustin à Descartes*, Wiesbaden, Harrasowitz, 2009, p. 35–62.

topographie de la philosophie. On peut distinguer principalement trois lieux de l'enseignement médiéval.

a. *Le cloître*

Il est difficile d'évaluer à sa juste valeur la fonction civilisatrice des monastères bénédictins qui, du VIe au XIe siècles, ont joué un rôle fondamental pour la conservation et la transmission d'un minimum de culture antique. Pour préparer les jeunes gens à l'entrée dans la vie monastique, la plupart des monastères bénédictins disposaient d'une école, parfois même, d'une école extérieure ouverte aux étrangers[1].

Les réformes monastiques du XIe et du XIIe siècle cependant étaient plus réservées en ce qui concerne l'évaluation des écoles[2]. Cela vaut particulièrement pour la réforme cistercienne dont Bernard de Clairvaux est le plus important promoteur[3]. Il aime opposer l'école et le cloître et donne une nouvelle importance au célèbre adage hérité de saint Jérôme : « monachus autem non doctoris sed plangentis habet officium », le moine n'est pas fait pour enseigner, mais pour faire pénitence[4].

---

1. *Cf.* à ce propos P. Riché, J. Verger, *Maîtres et élèves au Moyen Âge*, p. 31-73 ; voir aussi M. Roche, *Histoire de l'enseignement et de l'éducation*, tome I, *Des origines à la Reniassance*, Paris, Perrin 2003, p. 161-283.

2. Pour ce qui suit *cf.* Ph. Delhaye, « L'organisation scolaire au XIIe siècle », dans *Enseignement et morale au XIIe siècle*, Fribourg, Editions universitaires, 1988, p. 1-58.

3. *Cf.* J. Verger, « Le cloître et les écoles », dans *Bernard de Clairvaux. Histoire, mentalités, spiritualité*, Paris, Cerf, 1992, p. 459-473.

4. Hieronymus, « *Adversus Vigilantium*, 15 », *in* S. Hieronymi presbyteri opera, tome III/5, Turnhout, Brepols, 2005, p. 28 (CCSL 79C). Sur la réception de cet adage, *cf.* l'étude bien documentée de Th. Kouamé, « *Monachus non doctoris, sed plangentis habet officium.*

Dans son célèbre sermon qu'il tenait aux étudiants de
Paris pour les détourner des études (*De conversione ad
clericos*), Bernard invite les étudiants à quitter la capitale
du savoir :

> "Fuyez du milieu de Babylone, fuyez et sauvez vos
> âmes", volez vers les villes de refuge, afin d'y faire
> pénitence pour le passé, d'y obtenir la grâce pour le
> présent et d'y attendre avec confiance la gloire à venir[1].

De manière encore plus explicite, Bernard affirme
dans la lettre 106, que la connaissance des choses
essentielles ne s'apprend pas dans les écoles urbaines et
auprès des maîtres savants :

> Crois quelqu'un qui a de l'expérience : tu trouveras
> plus dans les forêts que dans les livres. Les bois et les
> pierres t'enseigneront des choses qu'aucun maître ne
> te dira[2].

Dans cette même lettre, Bernard précise sa pensée :
« Tu comprendras mieux le Christ en le suivant qu'en
l'enseignant. Pourquoi cherches-tu dans les livres celui
qui est vivant? » On peut donner raison à Ph. Delhaye
lorsqu'il affirme : « on peut dire que pour l'opinion
commune dans le monde monastique du XIIᵉ siècle,

L'autorité de Jérôme dans le débat sur l'enseignement des moines aux
XIᵉ et XIIᵉ siècles », *Cahiers de recherches médiévales et humanistes*
18 (2009) 18-38.

1. « *La conversion* », 37, Bernard de Clairvaux, *Œuvres complètes*,
vol. XXI, Paris, Cerf, 2000, p. 412-413.

2. « *Epistola* 106 », Sancti Bernardi Opera, vol. VII, Roma,
Editiones cistercienses, 1958, p. 266-267. A propos de la conception
fondamentale de l'expérience chez Bernard, *cf.* P. Verdeyen, « Un
théologien de l'expérience », dans *Bernard de Clairvaux, Histoire,
mentalités, spiritualité*, p. 557-578; E. Falque, « Saint Bernard et le
champ de l'expérience », dans Ph. Capelle (éd.), *Expérience philosophique et expérience mystique*, Paris, Cerf, 2005, p. 169-190.

la fonction professorale est incompatible avec l'état monastique et qu'elle paraît même, à certains, un écran inutile entre l'âme et le Christ. » [1]. Cette attitude critique ne doit cependant pas nous amener à des conclusions hâtives et erronées. Malgré cette opposition entre l'école et le cloître les monastères restent des hauts lieux de la pensée [2]. Mais, bien sûr, il s'agit d'une autre pensée, d'une orientation différente de la réflexion qui est cultivée dans la *schola Christi*. Nous pourrions résumer les études monastiques sous la formule *lectio divina*, si nous entendons par là avant tout une forme d'études qui est entièrement orientée vers l'encouragement de la vie spirituelle des individus, une façon d'étudier qui se réalise presque exclusivement par l'étude particulière qui tend principalement « vers la *meditatio* et vers *l'oratio* » [3].

b. *Les villes*

Parmi les multiples transformations de la société médiévale, il en est une dont l'influence sur la vie intellectuelle ne doit pas être sous-estimée, à savoir l'essor urbain à partir de la fin du XIᵉ siècle. Sans la renaissance des villes, la naissance de l'intellectuel médiéval n'est même pas concevable. Jacques le Goff ouvre son livre très apprécié sur les intellectuels au Moyen Âge par ces mots : « Au début il y eut les villes » [4] et il poursuit par « l'intellectuel du Moyen Âge – en Occident – naît avec

1. *Enseignement et morale*, p. 18.
2. Dans un ouvrage qui a fait date, J. Leclercq a montré de façon convaincante les dimensions humanistes de la culture monastique et sa portée pour la pensée théologique : *L'amour des lettres et le désir de Dieu*, Paris, Cerf, 1957.
3. J. Leclercq, *L'amour des lettres*, p. 72.
4. *Les intellectuels au Moyen Âge*, Paris, Seuil, 1957.

elles. » Le mouvement communal entraîne de profondes
modifications non seulement économiques (le monde
occidental cesse d'être une société agraire) mais encore
sociales. Le rapport des hommes dans les villes n'est plus
celui du système féodal : on invente de nouvelles formes
de vie en commun qui détruisent les rapports verticaux
de la vassalité. Cela vaut surtout pour les corporations
dont on peut résumer l'essentiel en disant :

> La ville, par suite, c'était aussi la corporation, souvent
> appelée *universitas*. Les hommes qui faisaient le
> même travail et vivaient les uns près des autres
> tendaient naturellement à s'associer pour se défendre.
> Ces associations créaient non pas des dépendances
> verticales comme celle, qui, dans la société féodale,
> liait l'homme à son seigneur, mais des communautés
> d'égaux [1].

Ce nouveau type de vie communautaire et cette
nouvelle économie dont le principe est la division du
travail, donnent naissance à un nouveau type de savant :
un homme pour qui l'enseignement et l'écriture sont un
métier ; comme le tanneur, le cordonnier et le boulanger,
il vit de son travail. De cette façon s'opère un important
déplacement, à la fois spirituel et géographique. La
ville devient ainsi le centre de l'activité spirituelle et
intellectuelle. On peut à ce titre, lire l'autobiographie
de Pierre Abélard, la célèbre *Historia calamitatum*.
Abélard retrace dans ce texte sa carrière dont l'essentiel
se déroule à Paris, centre des études dialectiques, c'est-
à-dire logiques [2].

---

1. J. Verger, *Les universités au Moyen Âge*, Paris, P.U.F., 1973,
p. 21.
2. *Cf.* Abélard, *Historia calamitatum*, éd. J. Monfrin, Paris, Vrin,
1978.

Pour la France du XIIe siècle, il est possible de citer trois centres d'études, en sus de Paris : Laon, important centre d'études théologiques[1] où Abélard se rend pour étudier la théologie. Chartres, qui brille par la présence de maîtres célèbres futurs chanceliers[2] : Bernard de Chartres (de 1119 à 1126), Gilbert de la Porrée[3] (de 1126 à 1140), Thierry de Chartres (de 1142 à 1150; frère de Bernard), Guillaume de Conches (mort vers 1154)[4]. La tentative de Thierry de lier les spéculations mathématiques à la théologie est sans nul doute typique de l'esprit chartrain. Un autre trait caractéristique de l'école réside dans la vénération pour Platon; on y étudie surtout le *Timée*. Guillaume de Conches en écrit un commentaire (*Glosae super Platonem*)[5] qui est révélateur de l'esprit de Chartres : interpréter, scientifiquement, grâce à Platon, la doctrine chrétienne de la création. A Paris, on étudie la théologie, mais surtout la dialectique (que nous appelons aujourd'hui la logique)[6]. Parmi les

1. C. Giraud, *Per verba magistri. Anselme de Laon et son école au XIIe siècle*, Turnhout, Brepols, 2010.

2. E. Jeauneau, *L'âge d'or des écoles de Chartres*, Chartres, Houvet, 1995; rééd. 2000. P. Riché, J. Verger, *Maîtres et élèves*, p. 108 *sq.*

3. *Cf.* J. Jolivet, A. de Libera (éd.), *Gilbert de Poitiers et ses contemporains*, Naples, Bibliopolis, 1987.

4. Cf. *Guillaume de Conches : Philosophie et science au XIIe siècle*, éd. B. Obrist, I. Caiazzo, Florence, SISMEL-Edizioni del Galluzzo, 2011.

5. *Glosae super Platonem*, texte critique avec introduction, notes et tables par É. Jeauneau, Paris, Vrin, 1965 ; nouvelle édition, Corpus Christianorum, Series latina, vol. 203, Turnhout, Brepols, 2006.

6. Abélard est bien entendu le représentant le plus connu de ce courant; *cf.* J. Marenbon, *The philosophy of Peter Abelard*, Cambridge, University Press, 1997; Riché-Verger, *Maîtres et élèves*, p. 93-102. On trouvera des informations sur Paris au temps d'Abélard dans : *Abélard en son temps. Actes du Colloque international organisé à*

autres écoles importantes, citons celle de Saint Victor dont certains maîtres sont très célèbres dont Hugues de Saint Victor[1].

Un passage du *Métalogicon* de Jean de Salisbury (v. 1115-1180)[2] permet de se faire une idée concernant la méthode d'enseignement puisqu'il explique quels sont les exercices philosophiques les plus utiles et les plus importants : lectio, doctrina, meditatio, assiduitas operis. La lecture du texte est placée en premier, puis vient la *doctrina* c'est-à-dire l'enseignement qui dépasse la simple lecture et inclut la considération de problèmes sur lesquels rien n'a été écrit, non scripta. La méditation va encore plus loin, car sa caractéristique est d'être à la recherche de l'inconnu et de l'incompréhensible même. C'est l'approfondissement personnel et intérieur d'un problème. Et enfin, l'assiduité, la persévérance dans l'étude, complète ces trois voies[3]. Le désir de connaître doit se réaliser par ces exercices. Jean prétend, en outre,

---

l'occasion du 9 e centenaire de la naissance de Pierre Abélard, 14-19 mai 1979, Paris, Les Belles Lettres, 1981.

1. D. Poirel, *Hugues de Saint-Victor*, Paris, Cerf, 1998.

2. Sur la figure fascinante de Jean *cf.* Ch. Grellard, *Jean de Salisbury et la renaissance médiévale du scepticisme*, Paris, Les Belles Lettres, 2013 ; *Metalogicon*, ed. J.B. Hall, K.S.B. Keats-Rohan, Turnhout, Brepols, 1991 (CCCM 98).

3. *Metalogicon* I, chap. 23, éd. cit., p. 50 : « Praecipua autem sunt ad totius philosophiae per uirtutis exercitium, lectio, doctrina, meditatio, et assiduitas operis. Lectio uero scriptorum praeiacentem habet materiam, doctrina et scriptis plerumque incumbit, et interdum ad non scripta progredit, quae tamen in archiuis memoriae recondita sunt, aut in praesentis rei intelligentia eminent. At meditatio etiam ad ignota protenditur, et usque ad incomprehensibilia saepe se ipsam erigit, et tam manifestam rerum quam abdita rimatur. Quartum operis scilicet assiduitas, et si a praeexistente cognitione formetur, scientiam que disderet, uias tamen parat intelligentiae, eo quod intellectus bonus est omnibus facientibus eum. »

que la grammaire est le fondement de toute philosophie :
« grammatica est istorum fundamentum et radix » [1].

Cette démarche implique une toute autre conception
de la philosophie que celle qui prétend que la logique est
le fondement de la science, comme le pense par exemple
Abélard : la philosophie doit contribuer à la perfection de
l'échange des hommes entre eux. Cette valorisation de
la culture, entendue comme échange des hommes entre
eux, livre un trait caractéristique de ce que l'on nomme
la Renaissance du XII⁰ siècle [2], et manifeste ce que l'on
peut appeler une philosophie urbaine. Jean explique plus
en détails ce qu'il faut entendre par *lectio*. Nous avons
déjà relevé que celui qui veut philosopher doit s'adonner
à la *lectio*, la *doctrina* et la *meditatio*. Jean rappelle –
comme d'autres contemporains – que le mot lire est
équivoque. Ce mot revêt deux significations majeures :
il désigne d'abord l'acte d'échange entre celui qui
enseigne et celui qui apprend (« exercitium docentis et
discentis ») et ensuite l'activité de celui qui lit des écrits
(« occupatio per se scrutantis scripturas ») [3]. A propos
de la première signification, Jean précise qu'il s'agit
d'un échange, d'une communication entre le maître et
le disciple et que le nom propre de cet exercice est la
leçon (*praelectio*). Dans le second cas, il s'agit de lecture
au sens strict (« alterum lectio simpliciter dicitur »).
Lorsque Bernard de Chartres, selon ce rappel de Jean,
prétend que la grammaire est le fondement des *septem
artes*, il entend par grammaire la capacité de bien parler
et de bien écrire. Il s'agit en dernier lieu d'améliorer la

---

1. *Metalogicon* I, chap. 23, éd. cit. p. 50.
2. *Cf.* J. Verger, *La renaissance du XII⁰ siècle*, Paris, Cerf, 1996.
3. *Metalogicon* I, chap. 24, éd. cit. p. 51.

communication des hommes entre eux. Cette élégance du discours est un élément du savoir-vivre qui doit couronner l'effort philosophique. En raison de ces deux éléments : l'art de bien parler et de bien écrire, l'art de bien vivre dans la société, on peut parler d'un humanisme par analogie à celui des XVe et XVIe siècles. Au début de son ouvrage, Jean relève que la raison et la parole distinguent l'homme des autres animaux et insiste sur le rôle éminent que jouent le discours et l'éloquence dans la vie sociale des hommes. En effet, celui qui nie qu'il faut étudier l'*eloquentia* est un ennemi de la société humaine. Car en dehors de la communauté aucun bonheur n'est imaginable : qu'est-ce qui fonde la société humaine, qu'est-ce qui la fait progresser, si ce n'est la parole, le discours et l'éloquence[1] ? Toutefois l'éloquence dont parle Jean doit être éclairée par la raison. L'éloquence qui n'est pas éclairée par la « ratio » est aveugle, et la sagesse sans l'éloquence est de peu d'utilité pour la société[2]. Ce qu'il faut rechercher est la douce et fructueuse connexion de la raison et du verbe. C'est elle qui engendre les villes, fonde et concilie les états, unit les peuples. Ainsi, poursuit Jean, celui qui veut éliminer l'éloquence de l'étude de la philosophie, non seulement détruit toute la philosophie, mais il dissout et menace l'unité de la société humaine. Les

1. Il suffit de citer ce passage significatif : *Metalogicon* I, chap. 1, éd. cit., p. 13 : « Haec autem est illa dulcis et fructuosa coniugatio rationis et uerbi, quae tot egregias genuit urbes, tot conciliauit et foederauit regna, tot uniuit populos et caritate deuinxit, ut hostis omnium publicus merito censeatur quisquis hoc quod ad utilitatem omnium Deus coniunxit, nititur separare. »

2. *Metalogicon* I, chap. 1, éd. cit., p. 13 : « Sicut enim eloquentia non modo temeraria sed etiam caeca quam ratio non illustrat, sic et sapientia quae usu uerbi non proficit, non modo debilis est, sed quodam modo manca. »

hommes deviennent des animaux lorsqu'ils sont privés de la parole [1]. Les villes deviendraient des troupeaux, plutôt qu'une véritable société. Cette insistance sur l'éloquence et son rôle pour la société humaine nous montre à quel point cette philosophie, cet esprit philosophique est solidaire de l'urbanisation. Il s'agit bien d'une réflexion, née dans un contexte urbain, écrite par des citadins pour des citadins. Cet éloge de l'éloquence et de ses bienfaits révèle une nette opposition entre le monachisme d'un Bernard et ce type de philosophie. Alors que Jean loue la communauté des hommes, leur *vita politica*, Bernard prêche le retrait de la solitude; alors que Jean insiste sur le rôle du bien-dire et de l'éloquence, Bernard dans l'esprit cistercien vit du silence; alors que Jean considère l'étude des textes philosophiques comme fondamentale, Bernard affirme que « ma philosophie c'est de connaître Jésus et Jésus crucifié » [2].

Certes, ce que dit Jean de Salisbury ne vaut pas pour toutes les écoles philosophiques du XIIe siècle. Cependant il y a un aspect qui concerne non seulement l'ensemble du XIIe siècle, mais encore les siècles suivants : c'est l'importance du texte pour la culture médiévale. Et pas seulement le texte sacré de la Bible, qui occupe

---

1. *Metalogicon* I, chap. 1, éd. cit., p. 13-14 : « Brutescant homines si concessi dote priuentur eloquii, ipsae que urbes uidebuntur potius pecorum quasi saepta quam coetus hominum nexu quodam societatis foederatus, ut participatione officiorum et amica inuicem uicissitudine eodem iure uiuat. » Tout aussi instructif que l'ouvrage de Jean pour se faire une idée de l'enseignement au XIIe siècle est le *Didascalicon* de Hugues de Saint-Victor : *L'art de lire*, introd., trad. et notes par M. Lemoine, Paris, Cerf, 1991.

2. *Super Canticum canticorum*, Sermo 43, 4, Sancti Bernardi Opera, II, Roma, Ed. Cistercienses, 1958, p. 43 : « haec mea subtilior, interior philosophia, scire Iesum, et hunc crucifixum. »

une place importance dans la vie intellectuelle, mais le texte en général. Il s'avère qu'enseigner au Moyen Âge consiste avant tout à commenter un texte. On accède à la connaissance du monde par la lecture et l'interprétation d'un texte. Il n'est pas surprenant que la *lectio*, le commentaire du texte, sera donc un des piliers de l'université médiévale [1].

c. *Les universités*

Le monde intellectuel du XIIIe siècle est dominé par trois centres d'études : Paris, Oxford, Bologne, qui, suivant un processus différent, deviennent dans les premières décennies du XIIIe siècle des universités [2]. La genèse de ces trois centres est différente dans chaque cas. Cela est dû, non seulement aux circonstances historiques, mais aussi à une orientation intellectuelle différente.

Bologne, dès ses débuts, était spécialisée dans le droit, notamment en droit civil. Dans ce cas, ce sont les étudiants, surtout étrangers, qui ont fondé l'université en se groupant en nations pour assurer leur sécurité et

---

1. Il conviendrait ici d'évoquer un autre phénomène majeur de la culture intellectuelle médiévale : la *traduction*. La ville de Tolède, lieu de rencontre entre les cultures islamique, juive et chrétienne, symbolise de la manière la plus éloquente cette dimension de la vie urbaine. Voir à ce propos *Tolède, XIIe-XIIIe : musulmans, chrétiens et juifs : le savoir et la tolérance*, L. Cardaillac (éd.), Paris, Autrement, 1991. Voir aussi, *Translations médiévales : cinq siècles de traductions en français au Moyen Âge (XIe-XVe siècles) : étude et répertoire*, Cl. Galderisi (éd.), Turnhout, Brepols, 2011.

2. Sur ce développement *cf.* J. Verger, *Les universités aux Moyen Âge*; W. Rüegg (éd.), *Geschichte der Universität in Europa*, Band I, München, Beck, 1993. Sur ce que l'on pourrait appeler l'expérience intellectuelle que représente la vie universitaire médiévale, on ira avec profit les lignes qu'Alain de Libera consacre à ce thème dans *Penser au Moyen Âge*, Paris, Seuil, 1991, p. 143-180.

certains privilèges. Elle est donc, d'abord, une université d'étudiants, qui par leur association jouissent de tous les privilèges d'un citoyen de la ville et dont les biens sont sous la protection de la commune. Etablie définitivement vers 1230, Bologne reste fidèle à sa vocation juridique tout au long du Moyen Âge et il n'aura pas de Faculté de théologie pendant longtemps. Oxford est, en revanche, une université spontanée selon la terminologie des historiens, elle est donc née d'écoles déjà existantes.

Paris reste le cas le plus instructif. La première étape des différentes écoles vers l'université est le privilège qu'octroie en 1200 le roi, Philippe-Auguste « aux maîtres et écoliers de Paris ». Celui-ci soustrait maîtres et étudiants à la juridiction civile, et les soumet à la juridiction ecclésiastique. Cette charte considère l'ensemble des maîtres et étudiants de Paris comme une communauté, même si l'on ne peut pas encore parler de véritable institution. Mais l'autonomie face au pouvoir civil est un pas essentiel vers la naissance de l'université.

L'étape décisive qui va de la première à la quatrième décade du XIIIᵉ siècle, voit la création de la corporation universitaire. Autour de 1209, le pape Innocent III invite les maîtres et étudiants à se donner des statuts ; ce qui amène un conflit entre l'évêque de Paris et la communauté des étudiants et professeurs. L'enjeu réside dans le droit traditionnel qu'avait l'évêque de conférer la *licentia ubique docendi*. Dans cette lutte pour acquérir le droit de conférer le droit d'enseigner, la communauté universitaire a trouvé un allié très puissant dans la papauté. Grâce à ce soutien, l'université parisienne pouvait naître. Elle existera réellement lorsque la communauté des étudiants et des professeurs disposera du droit de conférer cette licence.

Ainsi, à l'autonomie face au pouvoir civil s'ajoute l'indépendance vis-à-vis de l'évêque de Paris. Dans cette conquête progressive, il faut retenir deux dates. En 1215, le cardinal Robert de Courçon donne à la communauté parisienne ses premiers statuts. En 1231, le pape Grégoire IX publie la Bulle *Parens scientiarum* que H. Denifle, un des premiers historiens de l'histoire des universités, a appellé la « grande charte de l'université » car elle établit définitivement l'autonomie de l'université (appelée depuis 1221 : *universitas*). Notons que sans le soutien efficace de la papauté, l'université de Paris n'aurait pas vu le jour puisqu'elle est une institution qui dépend directement de la papauté [1].

Cette dépendance sera source de conflits. En premier lieu parce que la papauté favorisera l'enseignement des ordres mendiants (franciscains et dominicains) qui dépendent directement d'elle. Cette politique déplaira aux maîtres séculiers (à savoir des clercs qui n'appartiennent pas à un ordre) qui défendront, au nom d'une certaine liberté, leurs droits et combattront très violemment l'emprise franciscaine et dominicaine. Ce sera, dans les années 1250 le fameux conflit entre les mendiants et les séculiers. [2] Par ailleurs l'émancipation de la Faculté des Arts, grâce à l'entrée d'Aristote, contredira également les intérêts ecclésiastiques pour lesquels la philosophie devait d'abord être perçu comme un auxiliaire de la théologie. Ce conflit éclatera autour de 1270 et culminera dans la condamnation de 1277, et ce sera la célèbre crise

---

1. *Cf.* J. Verger, *Les universités*, p. 32
2. Sur ce conflit *cf.* M.-M. Dufeil, *Guillaume de Saint-Amour et la polémique universitaire parisienne, 1250-1259*, Paris, Picard, 1972.

averroïste, qui n'est pas seulement une crise intellectuelle, mais aussi politique[1].

Nous avons parlé jusqu'à présent de trois universités, mais au cours du XIIIe siècle, d'autres centres d'études ont vu le jour. En France, on peut mentionner Montpellier, célèbre pour sa Faculté de médecine, qui obtient ses statuts en 1220 ; Toulouse, créée en 1229 par la papauté en rapport avec la reconquête catholique contre les Cathares. En Espagne, Salamanque est dès 1218 une création des rois de Castille et de Leon. Pour ce qui est de l'Angleterre on peut rappeler que Cambridge voit le jour vers 1208.

Quant à l'Italie rappelons que Naples est une création de l'empereur Frédéric II en 1224 ; Padoue naît en 1222 d'une migration de professeurs et d'étudiants de Bologne. En Allemagne ainsi qu'en Europe orientale, aucune université n'existe au XIIIe siècle ; il faut attendre 1347-1348 pour voir naître l'université de Prague, suivie par celle de Vienne en 1365. En Allemagne, la neuvième décade du XIVe siècle verra la fondation des universités de Heidelberg et de Cologne.

A ces quelques données historiques, il convient d'ajouter quelques remarques sur la nature de l'institution qu'est l'université médiévale. Jacques Verger insiste sur le fait, qu'un des plus grands mérites des historiens modernes est d'avoir analysé la genèse et la structure des universités médiévales en termes *d'organisation*

---

1. D. Piché, *La condamnation parisienne de 1277*, Paris, Vrin, 1999 ; L. Bianchi, *Censure et liberté intellectuelle à l'université de Paris*, Paris, Les Belles Lettres, 1999. Concernant la signification des censures médiévales et à propos des discussions historiographiques à ce propos *cf.* A. Boureau, *L'empire du livre. Pour une histoire du savoir scolastique (1200-1350)*, Paris, Les Belles lettres, 2007, p. 268-279.

corporative[1]. En effet, cette comparaison et cette analogie permettent de saisir certains des aspects fondamentaux de ce phénomène unique dans la civilisation occidentale. Il y a eu des savants et des érudits dans le monde grec et romain, dans le monde arabe et juif, mais l'université est une création de la chrétienté médiévale. La notion d'*universitas* désigne « une tendance à s'associer et à se grouper ». Ce mot au sens le plus large signifie donc d'abord : « une pluralité à laquelle la possession d'un élément commun confère, impose l'unité et qui constitue, différente et supérieure à celle des êtres individuels qui la composent, une entité réelle possédant son existence et ses exigences propres »[2].

Dans une perspective plus concrète encore, on a pu suggérer que cette université élève au niveau de la formation intellectuelle cette institution collective qu'est la corporation. Sans vouloir réduire purement et simplement l'université à un phénomène de corporation, ce qui serait par trop simplifier le phénomène, il faut pourtant affirmer que l'université a profité de l'expérience corporative. Dans une telle perspective, on peut constater que : l'université est une association de gens de même métier qui est régie par des statuts qui réglementent de façon très précise les rapports des membres entre eux, qui prescrivent toutes les règles de la vie communautaire,

---

1. *Les universités*, p. 35. Parmi les travaux auxquels Verger fait indirectement allusion, il faut citer celui de P. Michaud-Quantin, *Universitas. Expression du mouvement communautaire dans le moyen-âge latin*, Paris, Vrin, 1970.

2. P. Michaud-Quantin, *Universitas*, p. 314. Pour ce qui suit *cf.* P. Glorieux, « L'enseignement au Moyen Âge. Techniques et méthodes en usage à la Faculté de Théologie de Paris au XIII e siècle », ADHLMA XXXV (1969) 65-186.

jusqu'aux détails vestimentaires. Cette collectivité bénéficie d'une grande autonomie, qui revêt plusieurs dimensions. Tout d'abord une autonomie interne, qui ne consiste pas seulement dans le droit de se donner à elle-même des statuts, mais surtout dans le fait qu'elle a le pouvoir de conférer la *licentia docendi*, qui correspond à la « maîtrise » dans les autres métiers. En second lieu, une autonomie juridique externe qui accorde aux membres de cette association des droits et des privilèges reconnus par tous. Ils sont soustraits à la juridiction civile et à celle de l'église locale, exemptés de service militaire, taxes, impôts et péages. Finalement, cette association défend ses intérêts et ceux de ses membres ; elle peut notamment utiliser le droit de grève, c'est-à-dire que chaque fois que l'intérêt de la corporation est touché ou menacé, l'ensemble des maîtres et des étudiants se met en grève.

D'un point de vue social, on peut relever quelques points spécifiques à cette *universitas* qui, d'ailleurs, créeront parfois des problèmes. La communauté universitaire est, socialement et économiquement, un corps étranger dans les villes. Elle est formée de consommateurs qui ne produisent rien, tout en bénéficiant de gros avantages. D'autre part, le monde des maîtres et des étudiants est un groupe de différentes nationalités, exclusivement masculin et célibataire[1]. Il est facile de se rendre compte que ces éléments peuvent se révéler sources de conflits. Tout cela fait comprendre que l'université forme un monde à part, qui contraste fortement avec tout ce qui l'entoure directement ; c'est pourtant dans

---

1. « La scolastique reproduisat l'exclusion systématique du genre féminin de l'Église » (A. Boureau, *L'empire du livre, op. cit.*, p. 15).

ce monde que la plupart des œuvres philosophiques et théologiques médiévales ont été écrites.

Il est indéniable que « l'une des grandes orignalités de lOccident médiéval résida dans l'existence des universités, c'est-à-dire d'institutions permanentes, centralisées et relativement autonomes, vouées à l'élaboration et à la diffusion du savoir et dotées de ressources directes ou indirectes »[1]. Cette institution a certainement contribué à ce que avec A. Boureau on peut appeler « un des plus beaux matins de la raison humaine »[2] : la scolastique.

A ce bref tableau de l'université médiévale, il faut ajouter un mot sur les centres d'études des ordres mendiants[3]. En effet, les grands ordres mendiants, en premier lieu les dominicains et les franciscains, ont fondé dès le XIIIe siècle d'importants centres d'études dont l'importance ne doit pas être négligée. Ces maisons sont parfois comparables à des petites universités puisque le cycle des études philosophiques est complété par la théologie. Ces maisons d'études sont appelées *studia generalia*. Parmi elles, il convient de citer celle des dominicains de Cologne, fondée en 1248 par Albert le Grand[4]. Thomas d'Aquin y a suivi son maître et maître

1. A. Boureau, *L'empire du livre*, *op. cit.*, p. 19.

2. *Ibid.*, p. 13.

3. Cf. *Le scuole degli ordini mendicanti : secoli XIII-XIV*, Todi : Presso l'Accademia Tudertina, 1978; *Studio e "studia" : le scuole degli ordini mendicanti tra XIII e XIV secolo, Attit del convegno internazionale*, Assisi 2001, Spoleto, Centro italiano si studi sull'alto medioevo, 2002; W. Senner, « Gli "studia generalia" nell'Ordine dei Predicatori nel Duecento », *Archivum Franciscanum Historicum* 9 (2005) 151–175; K. Emery, W.J. Courtenay, S.M. Metzger, *Philosophy and Theology* (cité note 2, p. 10).

4. W. Senner, « Das "studium Coloniense" der Dominikaner im Mittelalter », *in* S. Cüppers (ed.), *Kölner Theologen. Von Rupert von*

Eckhart y a enseigné au début du XIVe siècle. Ce *studium* est le centre de la culture philosophique en Allemagne[1].

3. *Les méthodes d'enseignement et les conditions de travail*

a. *Sur les structures de l'université et le* curriculum

Avant de parler des méthodes à proprement parler, il nous faut dire un mot sur les structures et le fonctionnement de l'université et rapidement traiter du régime des études et du cycle universitaire (principalement à Paris), ainsi que des différents degrés, puis de l'enseignement.

L'université médiévale est donc la corporation de tous les maîtres et étudiants, elle est, à la fois, *studium* donc établissement d'enseignement supérieur et *universitas*, donc association corporative. En général, cet ensemble se subdivisait en quatre Facultés : celle des Arts, de Théologie, de Droit (canonique et civil), de Médecine.

La Faculté des Arts est la base de tout l'enseignement universitaire. Pour accéder aux trois autres Facultés il faut être passé par elle et avoir acquis une formation dans les arts, éventuellement une maîtrise dans cette Faculté[2].

Deutz bis Wilhelm Nyssen, Köln, Marzellen, 2004, p. 137–157.

1. *Cf.* L. Sturlese, *Storia della filosofia tedesca nel Medioevo. Il secolo XIII*, Firenze, Olschki, 1996. Il est incontestable que les cours princières sont également un des lieux majeurs de la pensée et de la philosophie au Moyen Âge mais pour la perspective qui est la nôtre leur étude n'apporterait pas des aspects inédits, voir à ce propos : *Le défi laïque*, p. 99-122.

2. P. Glorieux, *La Faculté des Arts et ses maîtres au XIIIe siècle*, Paris, Vrin, 1970 ; O. Weijers, L. Holtz, *L'enseignement des disciplines à la Faculté des arts (Paris et Oxford, XIIIe-XVe siècles)*, Turnhout, Brepols, 1997 ; O. Weijers, *Études sur la Faculté des arts dans les*

Du moins au début de l'université, la Faculté des Arts ne remplissait qu'une fonction auxiliaire. Cette appréciation sur cette Faculté va changer et ne correspondra plus à la situation réelle. Peu à peu, la Faculté des Arts deviendra la Faculté de Philosophie[1]. Depuis la création de l'université, la Faculté de Théologie était au faîte de l'*alma mater*. On peut dire que le rôle ancillaire de la philosophie – *philosophia ancilla theologiae* –était, pour ainsi dire, institutionnalisé. C'est pourquoi, lorsque la Faculté des Arts sera en possession de la totalité des œuvres d'Aristote et aura pris conscience de son autonomie, naîtra le conflit des Facultés; un problème auquel Kant consacrera un de ses ouvrages les plus attachants, *Le conflit des facultés*[2]. Il faut se rendre compte que ce problème est un conflit issu de l'université médiévale, et ce conflit donnera à l'ancien problème du rapport entre la foi et la philosophie un nouveau visage, dans la mesure où cette question sera dorénavant débattue aussi en des termes institutionnels.

L'université était, en outre, subdivisée en nations, ce qui se rattache au caractère corporatif de l'institution : il s'agit de défendre le droit des maîtres et des étudiants.

---

universités médiévales, Turnhout, Brepols, 2011 ; O. Weijers, *Le travail intellectuel à la Faculté des arts de Paris : textes et maîtres (ca. 1200-1500)*, 9 fascicules, Turnhout, Brepols, 1994-2012.

1. *Cf.* A. de Libera, « Faculté des arts ou faculté de philosophie? Sur l'idée de philosophie et l'idéal philosophique au XIIIe siècle », *in* O. Weijers, L. Holtz (éd.), *L'enseignement des disciplines à la Faculté des arts (Paris et Oxford, XIIIe–XVe siècles)*, Turnhout, Brepols, 1997, p. 429-444. Sur l'histoire du terme "théologie" et la formalisation de l'enseignement de la théologie *cf.* A. Boureau, *L'empire du livre*, *op. cit.*, p. 19-29.

2. *Le conflit des facultés*, trad. de l'allemand, introd. et notes, J. Gibelin, Paris, Vrin, 1955.

Une nation regroupait les membres d'une même origine. A Paris, nous connaissons quatre nations : française, normande, picarde et anglaise. Au sommet de l'université se trouve le Chancelier (Oxford) ou le Recteur (Paris).

À la naissance de la Faculté de Théologie, il y avait huit Chaires, dont quatre revenaient d'office aux Chanoines de Notre-Dame. En 1254, donc au moment où Thomas s'y trouve, le nombre des Chaires passe à douze, dont deux seront désormais réservées aux dominicains et une aux frères mineurs. Cette augmentation du nombre des Chaires sera la cause d'un important conflit majeur à l'université de Paris, la célèbre querelle des séculiers et des mendiants qui déchirera l'université de Paris autour de 1254 [1].

Le but des études universitaires reste, bien entendu, l'obtention de la maîtrise ou plus exactement de la *licentia ubique docendi*. Quel est le parcours qui mène à ce couronnement ? Pour notre exemple, nous nous limiterons à la Faculté de Théologie de Paris. Pour entrer dans cette Faculté, l'étudiant doit avoir fait des études à la Faculté des Arts, et avoir au moins dix-huit ans. Puis il choisit un maître qu'il suivra tout au long de ses études. Pendant sept ans, il est alors « auditeur », assiste de façon passive aux leçons et aux discussions. Après cette période passive, un autre cycle commence : l'étudiant devient *cursor* ou bachelier bibliste. Pour être admis à

---

1. P. Glorieux. *Répertoire des maîtres en théologie de Paris au XIIIe siècle*. I et II, 2 vol., Paris, Vrin, 1933-1934. Ces deux volumes comportent des notices pour tous les maîtres connus de 1200 à 1320. Les notices comportent d'abord une brève biographie et ensuite le catalogue des œuvres. Cette prosopographie déjà ancienne constitue toujours le point de départ pour toute étude consacrée à des maîtres moins connus.

cette première charge, sa demande doit être examinée par sept maîtres au moins, et sa fonction consiste à « lire » un livre de la Bible, d'où son nom de bachelier bibliste. La manière dont il doit exposer ce livre est précisée : *cursorie*, rapidement, sans trop s'arrêter aux difficultés qui se présentent. Cette période dure deux ans et le candidat doit être âgé d'au moins vingt-cinq ans. Durant cette période, le nouveau bachelier doit assister aux leçons du maître et des autres bacheliers, et il est amené à intervenir dans les disputes que tient son professeur.

Après ces deux ans – il a donc jusqu'ici étudié neuf ans – le candidat devient *sententiaire* ou bachelier sentennaire, c'est-à-dire qu'il doit lire et commenter le *Livre des Sentences* de Pierre Lombard, qui est devenu le manuel de l'enseignement de la théologie dans les années trente du XIIIe siècle[1]. Cette période est le moment le plus important dans la formation du théologien. Le *Commentaire des Sentences* – élaboré normalement en deux ans – est, en quelque sorte, le chef d'œuvre du futur maître[2]. Alain Boureau a montré de façon très convaincante comment le texte du Lombard a joué un rôle décisif non seulement pour l'établissement d'une communauté intellectuelle mais encore pour ce que l'on

1. Ce *Livre des Sentences* est un recueil des textes dogmatiques les plus importants, et servira de base à l'enseignement théologique jusqu'au Concile de Trente. Sur l'auteur *cf.* Ph. Rosemann, *Peter Lombard*, Oxford, University Press, 2004 ; M.L. Colish, *Peter Lombard*, 2 vol., Leiden, Brill, 1994. Une traduction française de cet ouvrage important est disponible : P. Lombard, *Les quatre Livres des Sentences*, I-IV, introd., trad., notes et tables M. Ozilou, 4 vol., Paris, Cerf, 2012-2015.

2. Importantes précisions chez A. Oliva, *Les débuts de l'enseignement de Thomas d'Aquin et sa conception de la* sacra scriptura, Paris, Vrin, 2006, p. 224-253.

appelle la scolastique[1]. Le Bachelier doit ainsi faire un tour d'horizon de toute la théologie; les statuts précisent que son œuvre doit être de sa main et qu'il ne doit pas s'appuyer sur les notes d'autrui. Dans son travail, le bachelier suit un procédé assez précis, que l'on retrouve dans les plus célèbres commentaires.

Après la *divisio textus*, qui expose le plan du texte à commenter suit l'*expositio*, qui a pour fonction de mettre à jour les problèmes abordés dans le passage commenté; le bachelier y développe sa doctrine; l'*explicatio textus*, précisions et explications d'ordre textuel précède les *dubia circa litteram* qui achèvent le commentaire par des problèmes annexes.

La partie la plus importante, l'*expositio*, se présente le plus fréquemment sous forme de questions et articles qui sont censés cerner le problème traité par le Lombard. Dans les commentaires plus anciens (par exemple Bonaventure et Thomas d'Aquin), nous retrouvons les quatre éléments cités. Dans les commentaires plus récents (par exemple Guillaume d'Ockham), nous n'avons plus que les questions posées à propos du texte du Lombard, le lien direct avec le texte du maître des Sentences devient de plus en plus faible et se réduit à l'ordre des questions[2].

Le dernier stade avant la maîtrise est celui du bachelier formé. Le candidat doit, en principe, demeurer

1. A. Boureau, *L'empire du livre*, *op. cit.*, p. 25-42, 53-77.
2. F. Stegmüller a établi un répertoire, extraordinaire, de tous les commentaires rédigés au Moyen Âge (*Repertorium commentariorum in Sententias Petri Lombardi*, 2 vols. Würzburg 1947); il ne contient pas moins de mille quatre cent sept commentaires des *Sentences* accompagnées de très précieux « indices ». *Cf.* également *Mediaeval Commentaries on the Sentences of Peter Lombard*, vol. 1, G.R. Evans (ed.), Leiden, Brill, 2002; vol. 2, Ph. W. Rosemann (ed.), Leiden, Brill, 2009.

à Paris durant quatre ans, continuer à assister aux cours et surtout aux disputes, intervenir, activement au moins cinq fois dans une dispute (à divers titres). A la fin de ces longues études (quinze ans pour la théologie) le candidat est prêt à accéder à la maîtrise ou licence. Il doit alors, selon les statuts, avoir atteint au moins trente-cinq ans. Si l'assemblée des maîtres admet le candidat, il sera convoqué *in aula episcopi* où il devra prêter serment et il recevra ensuite la *licentia docendi*. Cette cérémonie sera suivie des actes de maîtrise qui comportent quatre moments solennels en deux séances : les Vespéries et l'Aulique. Les Vespéries se déroulent l'après-midi autour des deux premières questions. Le rôle du nouveau maître, dans ces deux séances, n'est pas toujours actif et il n'a pas l'occasion de répondre directement aux problèmes proposés. C'est pourquoi il consacrera, le premier jour lisible après l'Aulique, dans une sorte de leçon inaugurale, aux problèmes restés ouverts. Cette leçon, par laquelle débute à proprement parler son enseignement, s'appelle : *ressumpta*. On peut décrire comme suit la fonction de cette leçon :

> La première leçon est, elle aussi, un événement solennel, et l'occasion pour le jeune maître de reprendre – d'où le nom de *ressumpta* – les questions qu'il avait proposées dans les Vespéries et dans l'Aulique [...] Sa première leçon lui permettait d'exposer sa pensée personnelle et de dissiper les doutes qui avaient pu subsister après le débat[3].

3. B. Bazán, « Les questions disputées, principalement dans les Facultés de theologie », dans *Les questions disputées et les questions quodlibétiques dans les Faculté de théologie, de droit et de médecine*, « Typologies des sources du Moyen Âge occidental 44-45 », Turnhout, Brepols, 1985, p. 42.

Certaines des interventions dans les actes de maîtrise ont été conservées, par exemple l'éloge de l'Ecriture prononcé par Thomas dans l'Aulique.[1] La tâche du maître ainsi promu sera triple : *lectio, disputatio, praedicatio.* Les leçons sont consacrées à la Bible. Ce commentaire n'est plus bref, mais plus étendu et étoffé. La maître choisit lui-même le livre qu'il entend commenter[2].

b. *Lectio – disputatio – sermo*

Les remarques qui précèdent montrent que la plupart des œuvres médiévales ont été rédigées dans un contexte très précis qu'il est impossible de négliger lorsqu'on étudie un texte médiéval. La production philosophico-théologique est une *production contextuelle* et est du moins partiellement déterminée par ce cadre. Et cela apparaîtra encore plus clairement si nous tenons compte des méthodes d'enseignement de l'université médiévale. Dans la plupart des cas ces méthodes délimitent très précisément le caractère et la particularité d'une œuvre à étudier[3].

---

1. *Cf.* J.-P. Torrell, *Initiation*, p. 73-78.
2. Il existe un répertoire des commentaires bibliques, F. Stegmüller, *Repertorium biblicum medii aevi*, Madrid 1950-1976, en 8 volumes. L'auteur travaille ici selon les même principes que ceux utilisés pour les « Sentences », englobe toute la littérature autour de la Bible pour l'ensemble du Moyen Âge. Cet ouvrage précieux est accessible électroniquement : www.//repbib.uni-trier.de. Pour ce qui est de la prédication il faut consulter J.-B. Schneyer, *Repertorium der lateinischen Sermones des Mittelalters* (1150-1350), 11 fascicules, Münster 1969-1990.
3. Pour une présentation à la fois ample et en même temps très accessible des divers formes du travail intellectuel *cf.* O. Weijers, *Le maniement du savoir. Pratiques intellectuelles à l'époque des premières universités (XIIIᵉ—XIVᵉ siècles)*, Turnhout, Brepols, 1996.

L'enseignement   universitaire   au   Moyen Âge
comporte, comme nous l'avons déjà dit, deux piliers : la
lectio et la *disputatio*, dans la Faculté de Théologie s'y
ajoute le sermon. La *lectio* est toujours un commentaire
de textes. Comme le rappelle Olga Weijers : « La méthode
de la *lectio*, la lecture commentée des textes, était à la
base de tout l'enseignement médiéval »[1]. On distingue
habituellement   trois   formes   de   commentaires : « les
commentaires sous forme de *lectiones*, les commentaires
sous forme de *questiones* et un troisième type sous
forme de *sententia* »[2]. En Faculté de Théologie, le texte
à commenter est d'une part la Bible[3], et d'autre part le
Livre des Sentences. En philosophie, il y a, à partir de
1255 environ, une analogie frappante : l'enseignement
de la philosophie se conçoit essentiellement comme
un commentaire de texte[4]. On commente les textes
d'Aristote, comme le théologien commente l'Ecriture
sainte. Pour un universitaire médiéval, le commentaire
de texte est un des actes majeurs de la pensée. Toutefois,
il faut immédiatement ajouter, que si ces auteurs pensent
en commentant une autorité, il pensent également en

1. *La "disputatio" à la Facultés des arts de Paris (1200-1350
environ). Esquisse d'une typologie*, Turnhout, Brepols, 1995, p. 11.
2. *La "disputatio" à la Faculté des arts*, p. 12. Un brève
présentation de ces types p. 12-17.
3. Pour l'histoire de l'exégèse médiévale, *cf.* G. Dahan, *L'exégèse
chrétienne de la Bible en Occident médiéval. XIIᵉ-XIVᵉ siècle*, Paris,
Cerf, 1999 ; *Lire la Bible au Moyen Âge*, Genève, Droz, 2009.
4. Sur le commentaire médiéval, cf. *Der Kommentar in Antike
und Mittelalter : Beiträge zu seiner Erforschung*, 2 vol., W. Geerlings,
Ch. Schulze (eds.), Leiden, Brill, 2002-2004 ; G. Fioravanti,
C. Leonardi, S. Perfetti, *Il commento filosofico nell'Occidente latrino
(sec. XIII-XV). The Philosophical Commentary in the Latin West (13th-
15th Centuries)*, Turnhout, Brepols, 2002.

disputant. La *disputatio* est également devenu dans l'université médiévale une institution[1] et un lieu privilégié de la réflexion. On peut ici rappeler les lignes lucides de M.-D. Chenu sur la naissance de la *quaestio* médiévale :

> Elle naît d'abord à fleur de texte, spontanément, devant les difficultés littéraires ou doctrinales que le texte présente ... Mais avec le XIIe siècle, cette levée spontanée devient méthodique, c'est-à-dire que, par une généralisation qu'alimente la curiosité de la foi et qu'instrumentalise l'usage de la dialectique, le *lector* pose techniquement, artificiellement, des questions sur chacune des propositions. Ce sera au XIIe siècle l'opération propre et singulièrement efficace des maîtres de l'université : la *disputatio magistralis*. Mais nous devons insister sur la puissance d'intelligibilité qu'elle recèle, en particulier dans les disciplines spéculatives, où elle fournit une instrument homogène aux lois de l'esprit ... Acte majeur de l'*intellectus fidei*, elle fournira dans les *Sommes*, le schéma de l'*articulus*, comme unité de travail »[2].

1. Voir à ce sujet O. Weijers : *La "disputatio" dans la Faculté des arts au Moyen Âge*, Turnhout, Brepols, 2002 ; *Queritur utrum : recherches sur la "disputatio" dans les universités médiévales*, Turnhout, Brepols, 2009 ; B. Lawn, *The Rise end Decline of the Scholastic 'Quaestio disputata' With Special Emphasis on its Use in the Teaching of Medecine ans Science*, Leiden, Brill, 1993.

2. *La théologie au XIIe siècle*, 2e éd., Paris, Vrin, 1926, p. 337 et 340. Voir aussi O. Weijers, *La "disputatio" à la Faculté des arts*, p. 25 : « Il est sûr que la *questio* argumentée existait comme méthode d'enseignement dans les écoles de théologie au XIIe siècle. Résultant de divergences d'opinions ou d'autirité opposées, ell y était étroitement liée au texte et pour la résoudre, on faisait appel à la dialectique. Ce procéde est reste en usage pendant des siècles, à côté de méthodes nouvelles dont la disputatio, qui n'est plus liée à un texte et qui se déroule pendant une séance spéciale. »

La *disputatio* universitaire connaît surtout, mais pas exclusivement deux formes : la *quaestio disputata*, la *quaestio de quolibet*. Glorieux, résume[1] le trait commun des deux exercices :

> Le trait commun qui les marque toutes et les caractérise, est l'alternance des objections, des exposés et des réfutations, jointe à la multiplicité des acteurs. Ce n'est pas seulement une question qui, pour exciter l'intérêt ou éviter la monotonie, prend l'allure de discussion en proposant des raisons pour et contre ... Mais il s'agit d'un véritable dialogue avec l'imprévu des objections et, si besoin, des instances.

Cette description rend attentif au *rythme ternaire* qui est à la base de ce type particulier d'interrogation : objection, solution, réfutation. Ce mouvement en triade n'est que le résidu élémentaire d'une discussion qui réunit plusieurs participants, dont le rôle est délimité avec précision. Le mot « dialogue » n'est peut-être pas tout à fait heureux, car, et cela est essentiel, la dispute n'est pas un dialogue libre, mais une discussion dans laquelle les rôles sont prédéterminés et où le jeu ne peut fonctionner que si chacun remplit sa tâche. La dispute n'est pas seulement une institution, elle est aussi une méthode d'enseignement. S'il est vrai que la dispute est une méthode scientifique de recherche à caractère dialogique, elle est davantage encore. Bazán rappelle[2], à juste titre, qu'il est insuffisant de définir la dispute sans tenir également compte du fait qu'elle est une méthode d'enseignement, un exercice d'apprentissage,

1. P. Glorieux, « L'enseignement au Moyen Âge », *op. cit.*, p. 123 ; *cf.* O. Weijers, *Le maniement du savoir*, *op. cit.*, p. 61-74.
2. « Les questions disputées », p. 32.

une épreuve de compétence professionnelle. L'étudiant ne doit pas seulement y assister, mais doit apprendre à intervenir dans le débat, et c'est apprendre à penser que d'apprendre à disputer. Bazán en propose une définition qui paraît acceptable :

> On peut la définir comme étant une forme régulière d'enseignement, d'apprentissage et de recherche, présidée par le maître, caractérisée par une méthode dialectique qui consiste à apporter et à examiner des arguments de raison et d'autorité qui s'opposent autour d'un problème théorique ou pratique et qui sont fournis par les participants, et où le maître doit parvenir à une solution doctrinale par un acte de détermination qui le confirme dans sa fonction magistrale [1].

Pour comprendre le sens plénier de cette description, il faut se rappeler comment se déroulait une telle dispute dans le milieu universitaire. Voici les protagonistes et le déroulement d'une dispute ; le maître préside à cet acte officiel ; l'*opponens* fournit les arguments qui s'opposent à la thèse proposée ; le *respondens* doit, selon la formule de Bazán, « débrouiller le terrain de la dispute par la proposition provisoire d'une solution au problème posé » [2]. Comme nous l'avons signalé, les rôles d'*opponens* et de *respondens* étaient remplis par les bacheliers à leurs différents niveaux. On comprend mieux les fonctions respectives des trois acteurs principaux en rappelant le déroulement de la dispute. Le maître choisit le thème de celle-ci et distribue à l'avance, les rôles d'opposant et de répondant. La dispute se

---

1. « Les questions disputées », p. 34 ; *cf.* O. Weijers, *Le maniement du savoir, op. cit.*, p. 77-88.
2. « Les questions disputées », p. 38.

déroule en deux étapes : 1. la première séance, nommée *discussio*, se tient l'après-midi. Son trait spécifique est l'alternance des arguments pour et contre, alternance assez libre où interviennent surtout les bacheliers. Le maître n'intervient qu'exceptionnellement, pour aider, par exemple, un bachelier en difficulté ; mais en principe il laisse aller librement le débat. 2. La seconde partie de la séance est la *determinatio magistralis*, elle suit le premier jour lisible après la dispute. Le maître apporte alors sa solution personnelle au problème posé en reprenant les éléments essentiels de la discussion qui a eu lieu la veille :

> Dans la détermination le maître présentait une synthèse de la discussion, donnait sa solution et réfutait un par un les arguments qui s'opposaient à sa thèse[1].

Quant à la fréquence de ces disputes, nous n'avons pas à ce sujet de certitudes absolues. On peut dire qu'un maître disputait, en général, une fois par semaine, pendant le temps des cours. L'état rédactionnel de ces disputes n'est pas toujours identique. Dans le cas de Thomas, nous avons à faire à une rédaction établie par le maître lui-même. Pour d'autres cas, nous ne possédons qu'une *reportatio*.

> Reporter, dit Glorieux[2], c'est relever, prendre au vol les enseignements ou déclarations faits par un maître ou un bachelier lors d'un acte scolaire : leçon, dispute, sermon, etc.

La rédaction, par contre, est le texte définitif élaboré et contrôlé par le maître lui-même et destiné à la

---

1. « Les questions disputées », p. 40
2. P. Glorieux, « L'enseignement au Moyen Âge », *op. cit.*, p. 175.

publication. Il sera appelé *ordinatio*. Il va de soi que l'on jugera différemment un texte, s'il s'agit d'une *reportatio* ou d'une rédaction. Nous possédons plusieurs rédactions de bien des œuvres, certains chapitres de la *Somme contre les Gentils* ont été écrits deux à trois fois. Il ne faut donc pas négliger ces aspects quand on interprète un texte.

La dispute n'est pas seulement une institution ou une *forme d'enseignement*, elle livre également le cadre d'une pensée, elle détermine en quelque sorte les modes de pensée des médiévaux. En effet, un problème discuté doit être posé d'une manière tout à fait particulière car on ne peut discuter la question qu'avec des arguments pour ou contre. Ainsi le problème doit être posé de telle sorte que l'on puisse y répondre par une *affirmation* ou une *négation*. Le jeu entre le pour et le contre influence fortement la manière de penser des auteurs. La question médiévale n'est donc pas identique à la question socratique, elle n'est pas non plus un dialogue libre ; mais elle obéit à une réglementation très codifiée. Il faut donc être attentif au fait que la méthode de la dispute influence les habitudes mentales des médiévaux ; tout comme le commentaire, elle influence *une manière de penser* qui d'un côté favorise une logique binaire et de l'autre côté incite à chercher un dépassement de l'opposition simple dans une synthèse de la thèse et de l'antithèse [1].

Nous avons présenté la question disputée, qui est un acte scolaire ordinaire et régulier. Il faut maintenant

---

1. On lira avec grand profit à ce propos l'étude de P. W. Rosemann, « Histoire et actualité de la méthode scolastique selon Martin Grabmann » dans *Actualité de la pensée médiévale*, J. Follon, J. McEvoy (éd.), Louvain-Paris, Peeters, 1994, p. 95-118 ; *cf.* aussi R. Schönberger, *Was ist Scholastik ?*, Hildesheim, Bernward-Verlag, 1991.

dire un mot de l'autre forme de la dispute : la question quodlibétale, ou la question extraordinaire. Malgré certains points communs, les deux formes de dispute sont différentes. Ce qui les distingue, tout d'abord, est leur fréquence. A la différence de la question disputée qui peut avoir lieu chaque semaine, il n'y a que deux sessions de questions quodlibétales par année (Paris) : la session de l'Avent (*in Natali*) et de Carême (*in Pascha*). La seconde différence concerne le choix des problèmes traités. Pour la question ordinaire, le maître choisit la question à l'avance. Pour la question quodlibétique, le choix du problème à débattre est déterminé par l'assistance. Au début de la séance les assistants soulèvent les problèmes qu'ils veulent voir abordés avec quelques arguments. Dans la dispute *a quolibet*, les problèmes peuvent être suggérés par n'importe quel membre de l'assistance. Dans la dispute *de quolibet*, on traitera de n'importe quel thème. Il est certain que cet exercice est plus difficile pour tous; c'est pourquoi à la différence de la dispute ordinaire, la dispute de quolibet n'est pas obligatoire, et seuls les meilleurs s'y aventurent[1].

Il faut signaler qu'à la Faculté des Arts, des genres particuliers se développent à partir de la question, à savoir

1. Grâce au répertoire des *quodlibeta* établi par P. Glorieux, nous pouvons mieux connaître ce genre d'exercices, *cf.* P. Glorieux, *La littérature quodlibétique de 1260-1320*, 2 vol., Paris, Vrin, 1925-1935. Les deux volumes contiennent des introductions sur ce genre littéraire. Il existe à présent une remarquable base de données électronique qui contient le répertoire des maîtres et des questions : quodlibase. ehess.fr. Sur le genre *cf.* J.F. Wippel, « Quodlibetal Questions chiefly in Theology Faculties », dans *Les questions disputées*, p. 153-224; *Theological Quodlibeta in the Middle Ages. The Fourteenth Century*, edited by Ch. Schabel, Leiden, Brill, 2007; sur la Faculté des Arts, *cf.* O. Weijers, *La "disputatio"*, *op. cit.*, en particulier p. 106.

le *sophisma* : à Paris le sophisme est une sorte de question disputée de logique [1]. A Oxford, le développement est autre : il est une étape d'apprentissage (discussion entre plusieurs bacheliers). A ces *sophismata*, il faut ajouter la dispute obligationnelle qu'A. de Libera définit comme un jeu avec un *opponens* et un *respondens*. Finalement, on peut encore mentionner les insolubles (dont le célèbre menteur).

Il ne faut pas oublier que la prédication est partie intégrante de l'enseignement universitaire [2]. Dans les statuts, les paragraphes concernant la prédication occupent une grande place. Ici encore toute une technique doit être respectée. Il est inutile de vouloir comprendre un sermon médiéval sans connaître les règles qui guident sa composition. Il faut ajouter que certains événements étaient à l'origine des sermons. Prenons comme exemple les *Collations in Hexameron* de Bonaventure, qui sont sa dernière synthèse doctrinale. Bonaventure a prononcé ces sermons du soir, entre le 9 avril et le 28 mai 1273, à Paris. La communauté universitaire est en pleine crise averroïste, l'entrée d'Aristote a bouleversé l'équilibre chrétien. Bonaventure, alors maître général des frères mineurs, vient à Paris pour prêcher devant la communauté universitaire contre ceux qui, par leur

---

1. *Cf.* à ce propos S. Ebbesen, F. Goubier, *A catalogue of 13th-century sophismata*, Paris, Vrin, 2010. Pour une description succincte de cet exercice scolaire *cf.* A. de Libera, *La philosophie médiévale*, 4ᵉ éd., Paris, P.U.F., 2001 ; O. Weijers, *Le maniement du savoir*, *op. cit.*, p. 93-103.

2. J. Longère, *La prédication médiévale*, Paris, Études Augustiniennes, 1983 ; M. Menzel, « Predigt und Predigtorganisation im Mittelalter », in *Historisches Jahrbuch* 111 (1991) 337–384 ; B. Mayne Kienzle (ed.), *The Sermon*, « Typologie des Sources du Moyen Âge Occidental 81–83 », Turnhout, Brepols, 2000.

doctrine, détournent la théologie de ce qui semblait être la voie obligatoire. Il suffit de lire ces *Collationes* pour se rendre compte que le sermon universitaire n'est pas une simple édification au sens moderne, mais une œuvre doctrinale de grande envergure. Cela signifie que l'historien de la philosophie médiévale ne peut se passer de l'étude de certains sermons.

c. *Le maître,*
les conditions de travail et son autorité

Le *Disciplina scolarium*[1] qui est une sorte de manuel de l'étudiant que l'auteur anonyme fait passer pour une œuvre de Boèce, contient aussi une partie consacrée au professorat, car le disciple idéal vise bien entendu à devenir professeur. C'est pourquoi un chapitre entier expose des recommandations pour devenir professeur : il ne suffit pas de bien travailler, encore faut-il commencer tôt à se constituer une bibliothèque, apprendre à s'exprimer. Il convient de distinguer deux catégories principales de professeurs. Celle des professeurs des grandes villes, donc ceux qui préfèrent Rome et Athènes, dit le texte, et celle des petits professeurs qui se contentent des universités de province.

Les qualités du bon professeur selon cet opuscule sont les suivantes : il est d'abord *eruditus* (cela veut dire surtout qu'il prépare ses cours), il possède de la longanimité et de la douceur (il supporte la critique des élèves avec patience). Il ne doit pas réagir comme un certain Frontus qui, à cause de l'arrogance des étudiants, s'est pendu. Mais il est également sévère et exigeant, sans

---

1. L'œuvre a été édité par O. Weijers, Leiden, Brill, 1976, on lira avec intérêt la présentation du traité très diffusé, p. 3-17.

être arrogant. « L'insistance d'un professeur arrogant n'a encore jamais instruit un homme » dit le texte [1]. Il est respectable (*antiquus*), non à cause de son âge, mais en raison de sa science [2].

Il est certain que nous n'avons pas le même rapport à la tradition que les médiévaux. L'originalité n'a pas pour eux la même valeur. Un bon professeur ne s'écarte jamais de la tradition. Il ne faut pas pour autant parler de servilité ou d'un respect exagéré de l'autorité. A ce propos, il est intéressant de constater quelles questions certains maîtres posent lors des disputes publiques. Godefroid de Fontaines, un théologien parisien, dispute vers la fin du XIIIe siècle la question [3] : est-ce qu'un docteur en théologie peut traiter et déterminer une question qui est de la compétence du pape? Le même professeur traite également du problème suivant : est-il permis à un docteur de refuser une question dont la réponse offenserait un homme riche et puissant? Ces questions sont celles du rapport entre l'intellectuel et le pouvoir économique

1. *Disciplina*, p. 125 : « arrogantis magistri sedulitas fideliter numquam instruxit hominem ».

2. *Disciplina*, p. 125 : « Antiquus non annis sed perpetuanti sciencia. » Sur le « maître idéal » *cf.* G. Le Bras, « Velut splendor firmamenti : le docteur dans le droit de l'église médiéval », dans *Mélanges offerts à Étienne Gilson*, Toronto-Paris, Pontifical Institute of Mediaeval Studies-Vrin, 1959, p. 373-388 ; Astrik L. Gabriel, « The Ideal Master of the Mediaeval University », *The Catholic Historical Review*, LX (1974) 1-40 ; I. Baumgärtner, « De privilegiis doctorum. Über Gelehrtenstand und Doktorwürde im späten Mittelalter », *Historisches Jahrbuch*, 106 (1986) 299-332.

3. A propos de ce qui suit voir F.-X. Putallaz, *Insolente liberté. Controverses et condamnations au XIIIe siècle*, Fribourg, Éditions universitaires, 1995, en particulier le chapitre V : « Questions d'actualités » qui présente la figure originale de Godefroid.

et politique. La réponse de Godefroid est nuancée et il plaide pour une certaine liberté du professeur[1].

Il faut un instant nous arrêter aux condition de travail des maîtres[2]. Il convient de tenir compte de certaines précautions : « La continuité des institutions est cause d'un risque permanent d'anachronismes quand nous faisons l'histoire de leurs débuts ... tel est le cas des universités. » L. J. Bataillon veut dire que nous omettons souvent de nous demander dans quelles conditions les œuvres ont été écrites et quelles étaient les méthodes de travail. Nous lisons les œuvres médiévales comme si elles avaient été écrites aujourd'hui. Nous ne connaissons que trop partiellement les conditions de leur rédaction, car cet aspect des choses a trop longtemps été négligé.

Une des choses que nous « avons le plus de peine à imaginer est le caractère très austère des conditions les plus matérielles dans lesquelles se trouvaient les universitaires pour travailler »[3]. Il faut penser ainsi au chauffage. En effet, les maisons des religieux étaient certainement très mal chauffées, et les hivers n'étaient pas moins rigoureux qu'aujourd'hui. Un autre problème était la vue. Un maître dont la vue baissait était perdu. L'invention des lunettes vers 1300, représentait une révolution[4].

---

1. *Cf.* F.-X. Putallaz, *Insolente liberté*, *op. cit.*, p. 291-314.
2. L. J. Bataillon a consacré un article tout à fait admirable à ce sujet : « Les conditions de travail des maîtres de l'université de Paris au XIIIe siècle », *Revue des sciences philosophiques et théologiques* 67 (1983) 417-433.
3. « Les conditions de travail », p. 428.
4. *Cf.* Ch. Frugoni, *Le Moyen Âge sur le bout du nez. Lunettes, boutons et autres inventions médiévales*, Paris, Les Belles Lettres, 2011.

Malgré un éclairage déficient, il fallait bien travailler le soir : la chandelle ou la lampe deviennent ainsi un objet important dans l'imaginaire des intellectuels ; beaucoup de sermons les prennent pour exemple. On relate une jolie anecdote extraite d'un sermon universitaire[1] :

> Maître, disait un élève à un maître plus célèbre que les autres, vous devez beaucoup remercier Dieu de vous avoir donné tant de sagesse. Je dois – réplique le grand maître – surtout remercier ma lampe et mon travail grâce auxquels j'ai acquis cette science. Le prédicateur raconte la suite de l'histoire : le maître fut puni de son orgueil, en effet quelques jours plus tard, il monte en chaire pour enseigner et *perdidit omnem scienciam* – et il perdit son latin – devenu plus stupide qu'un berger illettré.

Un autre problème à ne pas négliger concerne la *condition économique* des professeurs. Le problème est moins grave pour les enseignants de la Faculté de Théologie qui sont membres d'un ordre religieux ou bénéficient d'une prébende. Dans les deux cas leur subsistance est assurée. La situation des professeurs de philosophie à la Faculté des Arts est tout autre. Il est vrai que certains étaient aussi au bénéfice de prébendes, mais d'autres vivaient plus modestement et avaient réellement besoin des taxes de cours. Il faut toutefois ici se souvenir que selon le meilleur enseignement de la tradition philosophique grecque, il est interdit de se faire payer pour l'enseignement de la philosophie. Enseigner et gagner de l'argent en le faisant, cela était très mal vu, comme le souligne ce passage de l'*Apologie* où Socrate dit (33a-b) :

---

1. « Les conditions de travail », p. 428.

> Je n'ai jamais, en effet, été le maître de personne […]
> Je ne suis pas homme à parler pour de l'argent et à
> me taire, si l'on ne m'en donne pas. Je me mets à la
> disposition des pauvres aussi bien que des riches ; pour
> qu'ils m'interrogent, ou, si l'on le préfèrent, pour que
> je les questionne et qu'ils entendent ce que j'ai à dire [1].

Les sophistes, en revanche, « vendaient » la vérité,
puisqu'ils recevaient de l'argent contre leur enseignement. Aristote aborde brièvement le problème dans
l'*Ethique à Nicomaque*, IX, 1 sans y apporter d'ailleurs
une solution claire. Ce qui est certain, c'est que dans
une bonne partie de la tradition grecque le rapport entre
l'enseignant et l'élève était d'abord conçu comme un
rapport moral, entre un bienfaiteur et un bénéficiaire,
voire même entre deux amis. Dès lors, il semble clair que
le bénéficiaire doive « rendre » quelque chose, mais on
ne doit pas parler d'un prix :

> Mais si le service rendu n'a été d'aucun contrat, deux cas
> sont à envisager. Ceux qui donnent sans rien chercher
> d'autre que le bien l'un de l'autre sont, …, à l'abri
> de tout reproche … et la rétribution doit se mesurer à
> l'intention du donateur […] La même règle a tout l'air
> de s'appliquer à ceux qui ont reçu communication de
> la pensée d'un philosophe ; ce n'est pas à prix d'argent
> qu'on pourra en mesurer la valeur et il n'existe sans
> doute pas d'honneur qu'on puisse mettre en balance
> avec elle ; mais peut-être suffit-il, comme pour les dieux
> et ses parents, de faire ce qu'on peut [2].

---

1. Platon, *Apologie de Socrate*, trad. É. Chambry, Paris, Garnier,
1965, p. 45.
2. *Ethique à Nicomaque*, trad. cit. p. 246.

Il est vrai que cette réponse laisse tout ouvert. Pour les médiévaux, il semblait clair que la sagesse ne peut être vendue, puisqu'elle est un don de Dieu. Il existait un adage juridique et canonique qui résumait ce fait : « scientia donum Dei est, unde vendi non potest ». Aux hésitations antiques se sont donc ajoutés les scrupules théologiques[1]. Mais la situation nouvelle créée par l'université a amené plusieurs auteurs à repenser le problème. Thomas d'Aquin aborde la question indirectement entre autre dans la *Somme théologique* (II-II, q. 100, art. 3 ad 3). Dans ce texte, il rappelle clairement que la vérité ne peut être vendue. Toutefois, si quelqu'un n'a pas reçu une charge d'enseignement – donc un bénéfice pour cette charge – il peut « louer son activité » :

> Celui qui possède la science et n'a pas reçu une charge qui l'oblige à la communiquer aux autres, il lui est permis de recevoir le prix de son enseignement ou de son conseil. Non point qu'il vende la vérité ou la science, mais il loue son activité (*quasi operas suas locans*).

Appliqué au cas des maîtres ès arts, le même auteur dit au *Commentaire des Sentences* (IV, d. 25, q. 3, art. 2) : « Il est permis aux maîtres de la Faculté de Arts de vendre leur travail, mais pas la science ou vérité qui sont spirituels »[2]. Il est donc permis aux professeurs de la Faculté des Arts de vendre leur effort, mais pas la science

---

1. G. Post, K. Giocarinis, R. Kay, « The Medieval Heritage of an Humanistic Ideal : Scientia donum dei est, unde vendi non potest », *Traditio* 11, 1955, p. 195-234.

2. « Licet magistris artium vendere labores suos, sed non scientiam sive veritatem quae spiritualis est. »

ou la vérité qui est spirituelle. Pour Thomas le problème était plus théorique que réel : pour certains maîtres à la Faculté des Arts, il était vital. Ainsi leur solution est-elle plus nette. Un de ces maîtres déclare dans son *Commentaire de l'Ethique* dans la seconde moitié du XIIIe siècle que, bien sûr, la philosophie n'est pas un bien que l'on peut vendre (*bonum vendibile*), mais le travail de la communication du savoir doit être payé : *pro labore quem aliquis sustinet infundendo philosophiam*[1]. Sans en être conscient, ces professeurs parisiens qui ont essayé de justifier le salaire du professeur ont « créé » la figure du professeur de philosophie au sens moderne du terme, à savoir cet enseignant qui est payé pour dispenser le savoir philosophique. Les professeurs de philosophie devraient rendre hommage à ces *artiens* qui ont tenté de fonder théoriquement la légitimité d'une rétribution de l'activité de l'enseignement.

Dans les pages précédentes, il n'était sans doute pas suffisamment question de la manière dont les maîtres voyaient leur fonction. Quelle conscience les maîtres médiévaux avaient-ils d'eux-mêmes ?[2]. Dans une étude aussi inventive qu'originale Elsa Marmursztein a tenté de recontituer un « miroir des maîtres » qui permettrait d'appréhender l'idéal pédagogique et intellectuel des docteurs, en prenant comme point de départ les textes

1. Commentaire anonyme de l'Ethique, Erfurt, Cod. Ampl. F 13, amplement cité dans l'article « The Medieval Heritage ». Sur le Commentaire d'Erfurt *cf.* I. Costa, « Gilles d'Orléans et l'Anonyme d'Erfurt », *in* L. Bianchi (ed.), *Christian readings of Aristotle from the Middle Ages to the Renaissance*, Tunrhout, Brepols, 2011, p. 211-272.

2. Allusion à un important article de J. Le Goff : « Quelle conscience l'université médiévale a-t-elle eue d'elle-même ? » dans *Pour un autre Moyen Âge*, Paris, Gallimard, 1977, p. 181-197.

issus des disputes quodlibétiques[1]. En examinant un grand nombre de prises de positions concrètes, elle a réussi a décrire avec précision l'idée que le groupe social que représentaient les maîtres se faisaient de leur responsabilité sociale et la conception qu'ils avaient de leur ambition normative :

> En termes de représentations, le "miroir des docteurs" qu'il est possible de reconstituer à partir des divers fragments quodlibétiques reflète une triple exigence : celle de l'autonomie du savoir par rapport à toute forme d'institution ; celle de la supériorité de la fonction intellectuelle comme fonction "architectonique" ; celle de la liberté intellectuelle des maîtres contre les mesures de condamnation[2].

Cette approche innovatrice qui permet de diversifier et d'enrichir la notion de scolastique et de raison scolastique est prolongée par la démarche de Catherine König-Pralong qui d'une manière différente tente de circonscrire la figure du maître en théologie[3]. Elle montre notamment l'opposition entre l'extrême aristocratie cléricale d'Henri de Gand et l'attitude critique de Godefroid de Fontaines[4]. Toutefois, en dessinant le portrait de trois figures alternatives et non parisiennes du « maître » (Bacon, Olivi et Dietrich de Freiberg), une diversité féconde et une multivocité attirante de la notion de *magister* devient perceptible. Ainsi apparaît une raison scolastique moins univoque que celle défendue ou attaquée par certains.

1. E. Marmursztejn, *L'autorité des maîtres. Scolastique, normes et société au XIIIe siècle*, Paris, Les Belles Lettres, 2007.
2. *Ibid.*, p. 265.
3. C. König-Pralong, *Le bon usage du savoir. Scolastique, philosophie et politique culturelle*, Paris, Vrin, 2011.
4. *Ibid.*, p. 69-127.

d. *Le livre et la lecture*

L'enseignant médiéval est un homme du livre. Tout l'enseignement est organisé autour du livre. Jusqu'au début du XIVᵉ siècle, tous les livres médiévaux sont faits en parchemin (peaux montées mouillées sur un cadre et séchées sous tension). Le parchemin est durable et résistant, mais bien sûr très cher. Selon le L. J. Bataillon, il fallait environ soixante-quinze peaux de mouton pour fabriquer la seule II-II de la *Somme théologique*[1]. La première attestation d'une fabrique de papier en Europe est de 1270[2]. Il est certain que la fabrication de papier a été importée de Chine[3]. Son usage s'est répandu petit à petit en Europe, mais ne remplacera pas totalement l'usage du parchemin. Le livre médiéval est appelé *codex*; les feuilles sont pliées en deux ou en quatre et assemblées en petits fascicules de quatre à six feuillets doubles qui vont former un cahier. Ces cahiers sont ensuite cousus ensemble. Le livre médiéval est, bien sûr, copié à la main. Ce travail se faisait, jusqu'au début du XIIIᵉ siècle, surtout dans les *scriptoria monastiques*. Avec les universités s'est développé tout un commerce de livres dans les villes[4]. L'étudiant ou le maître qui veut obtenir la copie d'un ouvrage se rend d'abord chez

1. « Les conditions de travail », p. 423.
2. *Le livre au Moyen Âge*, J. Glenisson (dir.), préface L. Holtz, Turnhout, Brepols, 1988, contient des articles aussi précis qu'informatifs sur tous les aspects du livre médiéval. Voir également la contribution de J. Hamesse dans le volume *Histoire de la lecture dans le monde occidental*, G. Cavallo, R. Chartier (dir.), Paris, Seuil, 2001, p. 131-152.
3. *Cf.* C. Sirat, « Le papier », dans *Le livre au Moyen Âge, op. cit.*, p. 32-33.
4. *Cf.* à ce propos, M. Peyrafort, « L'essor des ateliers laïques », dans *Le livre au Moyen Âge, op. cit.*, p. 71-75.

le libraire appelé *stationarius* pour louer l'ouvrage dont il désire faire une copie. Ensuite, s'il est riche, il fait copier le texte par des copistes professionnels, ou s'il est pauvre, le copie lui-même. Pour répondre à la grande demande de textes on a inventé une technique qui aura des conséquences importantes pour la reconstitution critique des textes. C'est le système de la *pecia* (pièce)[1]. Les ouvrages (*exemplaria*) furent divisés selon les cahiers en « *pecie* », et le copiste louait une pièce après l'autre. A Paris, tous les métiers du livre étaient regroupés dans le quartier Saint-Séverin.

De ce qui précède il devient clair que le livre était un objet précieux, de grande valeur. L. J. Bataillon a fait le décompte des frais pour un ouvrage, ce qui donne : 68% du prix pour la copie ; 20% pour le parchemin ; 12% pour les autres opérations (reliure, etc.)[2]. On comprend dès lors pourquoi les livres étaient attachés avec des chaînes dans les bibliothèques et on saisit aussi pourquoi les étudiants pauvres devaient copier eux-mêmes les textes. Un corpus d'œuvres philosophiques d'Aristote ou une somme théologique équivalaient au moins à deux ou trois vaches.

Bien que la bibliothèque publique n'existait pas au Moyen Âge, on peut toutefois distinguer différents types de bibliothèques privées. Celles des monastères d'abord et plus tard des couvents des mendiants. Mentionnons ensuite les collections princières, par exemple celle de Frédéric II ou celle du roi Charles V, installée à partir

---

1. L. J. Bataillon (éd.), *La production du livre universitaire au Moyen Âge. Exemplar et pecia*, Paris, Éditions du CNRS, 1988 ; G. Murano, *Opere diffuse per « exemplar » e « pecia »*, Turnhout, Brepols, 2005.

2. « Les conditions de travail », p. 423.

de 1367 au Louvre[1]. Celle-ci comprenait environ 1300 volumes à la mort de Charles V en 1380. Les princes italiens possèdent également des bibliothèques comme celle des Medicis à Florence ou celle des Visconti à Pavie. Un intéressant spécimen d'une bibliothèque conventuelle est celle des Cordeliers de Fribourg qui est conservée en l'état des XIVe et XVe siècles[2]. Elle est fort instructive et donne une bonne idée d'une bibliothèque « moyenne ».

Le célèbre *Philobiblion* de Richard de Bury (1287-1345) manifeste de manière éloquente l'appréciation du livre au Moyen Âge. Dans le livre, la vérité « se présente à notre aspect sans intervalles, d'une manière permananente » : Les livres

> sont des maîtres qui nous instruisent sans verges et sans férules, sans cris et sans colère, sans costume et sans argent. Si on les approche, on ne les trouve point endormis ; si on les interroge, ils ne dissimulent pas leur idées ; si on les trompe, ils ne murmurent pas. ‹ … › O livres, qui possédez seuls la liberté, qui seuls en faites jouir les autres, qui donnez à tous ceux qui demandent, et qui affranchissenz tous ceux qui vous ont voué un culte fidèle[3].

1. *Cf.* L. Delisle, *Recherches sur la librairie de Charles V*, Paris, Champion, 1907 ; *La libraireie de Charles V*, Paris, Bibliothèque Nationale, 1968.

2. *Cf.* R. Imbach, E. Tremp (éd.), *Zur geistigen Welt der Franziskaner im 14. und 15. Jahrhundert : die Bibliothek des Franziskanerklosters in Freiburg/Schweiz*, Freiburg, Universitätsverlag, 1995.

3. Richard de Bury, *Philoblion, excellent trait sur l'amour des livres*, traduit pour la première fois en français par Hippolyte Cocheris, Paris, Aubry, 1856, p. 46-47. Voir aussi Richard de Bury, *Philobiblion, excellent traité sur l'amour des livres*, préface, traduction et notes par B. Vincent, Paris, Parangon-Aventurine, 2001. Pour une édition plus récente du texte latin, *Philobiblion*, Text and Translation

Comme l'a rappellé, de manière convaincante, C. König-Pralong, l'ouvrage de Richard qui fait ainsi l'éloge de la culture livresque, est en même temps une diatribe qui « cristallise une culture ecclésiale d'exclusion des laïcs, qui culmine ici dans l'appropriation exclusive de la parole par les clercs » et manifeste donc un « cléricalisme culturel » exacerbé [1].

4. *La carrière d'un professeur médiéval : le cas de Thomas d'Aquin*

Si l'on veut comprendre le texte de Thomas qui est reproduit dans ce volume, il est indispensable de s'interroger ponctuellement sur la possibilité de l'enseignement dans ce cadre à la fois historique, institutionnel et conceptuel que nous venons d'esquisser. Et il est opportun de se souvenir de sa vie qui est un long voyage pour enseigner et apprendre. La vie de Thomas d'Aquin (né vers 1224/25 à Roccasecca dans la région de Naples, mort en 1274) est celle d'un religieux et d'un professeur, vouée à la fois à la contemplation et à l'enseignement, unifiant ainsi la vie active à la vie contemplative en réalisant le programme de l'ordre dominicain : « Il est plus beau d'éclairer que de briller seulement ; de même est-il plus beau de transmettre aux autres ce qu'on a contemplé que de contempler seulement » [2]. Au cours de sa vie studieuse, Thomas a parcouru l'Europe d'un

---

by E.C. Thomas, edited with a Foreword by M. Maclagan, Oxford, Blackwell, 1960. Sur Richard de Bury, *cf.* C. König-Pralong, *Le bon usage du savoir*, *op. cit.*, p. 44-55 ; É. Anheim, « Portrait de l'évêque collectionneur : Richard de Bury (1287-1345) et son *Philobiblion* », *Thesis* (2002) 39-65.

   1. C. König-Pralong, *Le bon usage du savoir*, *op. cit.*, p. 46, p. 53.
   2. *ST* II-II, q. 188, a. 6.

bout à l'autre : après les premières études à l'Université de Naples, il séjourna plusieurs fois à Paris, d'abord comme étudiant, ensuite comme professeur (1245-1248, 1252-1259, 1268-1272), il exerce également son métier d'enseignant à Orvieto (1261-1265), à Rome (1265-1268) et à Naples (1272-1273). Lors de ses deux enseignements comme professeur à l'Université de Paris, Thomas occupa l'une des deux chaires de théologie réservées au dominicains dont l'une était prévu pour un étranger, l'autre pour un français.

On peut comparer le parcours universitaire de Thomas à celui de Maître Eckhart qui, lui aussi, a par deux fois occupé une chaire parisienne (en 1302-1303 et en 1311-1312). Le célèbre prédicateur allemand qui est surtout connu comme un représentant du courant mystique, avait auparavant déjà étudié à Paris et à Cologne où il avait également enseigné au *studium generale* des dominicains, une maison d'étude fondée en 1248 par Albert le Grand qui a son tour avait été professeur à Paris [1]. Il est incontestable que les ordres mendiants, en particulier les franciscains et les dominicains, qui, contrairement aux anciens ordres monastiques ne professaient pas la *stabilitas loci*, l'attachement d'un religieux à un monastère et donc à un lieu, favorisaient une telle mobilité académique.

Thomas d'Aquin qui était entré dans l'ordre des dominicains vers 1245 est probablement arrivé à Paris en 1246. C'est à Paris que Thomas a fait la connaissance de Maître Albert qui de son vivant avait déjà acquis une renommée de savant universel. Lorsque Albert est parti

1. Pour la philosophie d'Albert voir l'excellente présentation d'A. de Libera, *Albert le Grand et la philosophie*, Paris, Vrin, 1990.

pour Cologne en 1248, Thomas l'a suivi et nous pouvons dire qu'il a commencé sa carrière comme « assistant » du grand professeur allemand. Il revient à Paris en 1252 pour y achever ses études de théologie, donc pour acquérir sa maîtrise. De retour à Paris, Thomas commente donc les *Sentences* (et nous possédons encore aujourd'hui le résultat de cet enseignement). Le passage que consacre Guillaume de Tocco, le premier biographe de Thomas qui a rédigé sa vie de Thomas dans le contexte de la canonisation, à cet enseignement est assez stupéfiant car dans ce bref morceau l'accent de nouveauté domine : « Dans ses leçons, il introduisait de nouveaux articles, résolvait les questions d'une nouvelle manière et plus claire avec de nouveaux arguments. »[1] Et le biographe d'ajouter que sa méthode et ses doctrines étaient nouvelles. Au terme de cet enseignement, en février 1256, le chancelier de l'Université lui accorde la *licentia docendi* et lui demande de se préparer pour sa leçon inaugurale. Mais ces premiers mois de l'année 1256 sont très difficiles pour les mendiants parisiens. Pour qualifier le climat qui règne à Paris, Jean-Pierre Torrell, le meilleur biographe contemporain de Thomas, n'hésita pas à parler d'une « guérilla déclenchée par le maîtres séculiers contre les maîtres mendiants »[2]. Thomas a vigoureusement défendu les droits des ordres mendiants dans ce débat à la fois institutionnel et idéologique, opposant séculiers et mendiants, deux groupes de la classe sacerdotale. Plusieurs opuscules et traités témoignent de l'intervention de Thomas dans un débat aussi engagé que brûlant. Etant

1. *Cf.* C. Le Brun-Gouanvic, *L'historie de saint Thomas d'Aquin de Guillaume de Tocco*, Paris, Cerf, 2005.
2. Cf. *Initiation*, sur la première période parisienne, p. 53-78.

donné que la fonction du maître en théologie que Thomas assumait dès le printemps 1256 comportait à son époque trois fonctions, à savoir commenter (*legere*), prêcher et disputer. Les *Questions disputées sur la vérité* dont la question ici publié est extraite dantent de cette époque.

On peut dire que la majeure partie des écrits de Thomas est issue de son enseignement et donc liée à son activité de professeur. Cela est patent pour ses commentaires bibliques ou encore pour les questions disputées qui faisaient partie du curriculum des études mais cela vaut aussi pour les deux grandes sommes, c'est-à-dire la *Somme contre les gentils* (*Summa contra gentiles*, commencée en 1259, terminée en 1265)[1] et la *Somme théologique* (1265-1273, inachevée). Le projet de cette œuvre majeure doit être vue en rapport avec la tâche que la direction de l'ordre avait confiée à Thomas durant l'automne 1265, à savoir la fondation d'une maison d'études à Rome dont il était à la fois l'initiateur et le directeur. Il est vraisemblable que le projet de la Somme dont « l'intention est d'exposer ce qui concerne la religion chrétienne selon le mode qui convient aux débutants » s'insère dans cette optique de réforme des études dans l'ordre dominicain.

Lorsque Thomas revient à Paris pour y enseigner de nouveau en 1268, le climat intellectuel est aussi animé que durant les années cinquante. Le conflit entre les séculiers et les mendiants s'est une nouvelle fois enflammé. Thomas prend derechef position et compose deux écrits polémiques « contre la doctrine erronée et pernicieuse de

---

1. Thomas d'Aquin, *Somme contre les gentils* : *Livre sur la vérité de la foi catholique contre les erreurs des infidèles*, 4 vol., trad. fr. V. Aubin, C. Michon, D. Moreau, Paris, Flammarion, 1999.

ceux qui détournent les hommes d'entrer en religion ».
Non moins virulente et engagée est l'intervention de
Thomas dans la discussion philosophique autour de
la doctrine de l'unicité de l'intellect possible qui fut
provoquée à partir de 1265, notamment par certains écrits
de Siger de Brabant, un jeune professeur de la faculté
des arts. Avec une verve sans précédent le dominicain
réfute dans le traité *De l'unité de l'intellect contre les
averroïstes* (1270)[1] non seulement l'idée d'un intellect
unique pour tous les hommes mais tente en même temps
de prouver que ses adversaires, Siger d'abord mais aussi
l'autorité qu'il invoque, le philosophe arabe Averroès
(+ 1198) dit le Commentateur, sont de piètres interprètes
du texte d'Aristote. En même temps, Thomas entend
montrer qu'il est illégitime de s'appuyer sur l'autorité
du philosophe grec pour propager les erreurs défendus
par ces artiens. Il n'est pas impossible que Thomas ait
voulu montrer par ses propres commentaires d'Aristote
qui datent de cette dernière période de sa vie, comment la
recherche de l'intention du Philosophe, à savoir Aristote,
dans les textes et la recherche de la vérité chrétienne
ne mènent pas nécessairement dans une impasse. On
peut être chrétien et philosophe sans tomber dans des
contradictions. Il est vrai que les douze Commentaires
des œuvres d'Aristote ne sont pas le fruit direct d'un
enseignement mais ils sont plutôt l'expression éloquente
d'une conviction intellectuelle selon laquelle une solide
philosophie est une base indispensable pour une théologie
de bonne qualité. Cette attitude intellectuelle de Thomas
est sinon exemplaire au moins remarquable, dans tous les

---

1. Sur cette œuvre importante *cf.* A. de Libera, *Thomas d'Aquin de
l'unité de l'intellect*, Paris, Vrin, 2004.

cas digne de l'institution universitaire qui, à travers l'idée
de l'autonomie, est au service de la recherche et de la
connaissance et non pas d'un quelconque pouvoir.

Thomas a beaucoup voyagé. Pour effectuer tous ces
voyages, il fallait un assez bonne constitution physique. On
a calculé qu'il a dû parcourir quelque 15'000 kilomètres,
et même si certains de ces voyages se sont faits par
voie fluviale, cela représente un effort considérable qui
peut expliquer au moins partiellement la grande fatigue
de 1273 qui annonce déjà sa mort. Dans tous les cas
lorsqu'on examine la production intellectuelle réalisée
durant les dernières années de sa vie, on n'hésitera guère
à envisager l'hypothèse d'un surmenage. Jean-Pierre
Torrell, dans sa remarquable biographie du dominicain
italien, s'est livré à quelques calculs pour le moins
surprenants[1]. Thomas aurait écrit entre octobre 1268 et
avril 1272 (donc durant son dernier séjour parisien) 4061
pages (à raison de 742 mots par page). Durant la dernière
année de cette période, le rythme s'est encore accéléré :
il aurait écrit environ 12 pages A 4 (de 350 mots) par
jour. Cette cadence ne s'explique que si nous tenons
compte du fait qu'il était entouré d'une petite équipe de
secrétaires à qui il dictait certaines de ses œuvres. Il n'est
pas impossible qu'il dictait parfois à plusieurs secrétaires
en même temps comme le rapportent certains témoins.
Inutile de préciser qu'une telle quantité de travail ne peut
s'accomplir sans des veilles et sans le travail de nuit. Cet
acharnement n'implique cependant pas une insensibilité
pour les faiblesse des autres. Dans une de plus touchantes
pages de la *Somme théologique* le docteur dont maintes

1. J.-P. Torrell, *Initiation à saint Thomas d'Aquin*, *op. cit.*,
p. 350-360.

anecdotes racontent qu'il s'endormait quelquefois n'importe où, pose la question de savoir si le sommeil et les bains peuvent alléger la tristesse[1]. Toujours est-il que Thomas répond par l'affirmative en rappelant que l'homme est un esprit incarné :

> La tristesse, avons-nous dit, s'oppose de façon spécifique à la motion vitale du corps. Et par suite, ce qui ramène la nature corporelle à l'état naturel normal de cette motion vitale s'oppose à la tristesse et l'atténue. – Du fait aussi que ces sortes de remèdes ramènent la nature à son état normal, ils sont cause de plaisir ; nous avons vu plus haut en effet, que c'est cela même qui cause du plaisir. Aussi ces remèdes corporels adoucissent-ils la tristesse, puisque c'est l'effet du plaisir.

5. *Apprendre, c'est se souvenir*

Dans le dialogue *Ménon*[2], qui porte sur la possibilité d'enseigner la vertu, Platon décrit comment Socrate interroge un esclave ignorant afin d'établir les conditions de la recherche et de la découverte de la vérité. Il s'agit d'un *excursus* sur les moyens d'apprentissage en général. Comment faisons-nous pour apprendre ? Ménon, l'interlocuteur de Socrate, pose la question : comment vas-tu t'y prendre pour chercher une chose dont tu ne sais absolument rien (*Ménon* 80d) ? Le passage en question (*Ménon* 80d-85e) débute par cette étrange constatation :

---

1. Cf. *ST* I-II, q. 38, a. 5 ; on lira avec profit le chapitre « Miettes philosophiques » dans F.-X. Putallaz, *Le dernier voyage de Thomas d'Aquin*, Paris, Salvator, 1998.
2. Platon, *Ménon*, texte établi et traduit par A. Croiset, L. Bodin, Paris, Les Belles Lettres, 1941. Les citations se réfèrent à cette traduction.

On ne peut chercher ni ce qu'on connaît ni ce qu'on ne
connaît pas. (*Ménon* 80e)

En effet, pourquoi chercher ce que l'on sait déjà? et
comment chercher ce qu'on ne sait pas, car comment
savoir ce que l'on cherche? A partir de cette difficulté,
Socrate développe sa thèse, à première vue, très
étonnante : *apprendre, c'est se souvenir* (*Ménon* 81d). Le
point de départ de sa démonstration est l'interrogation de
l'esclave de Ménon. Les questions qui lui sont posées se
réfèrent à la géométrie, plus exactement au carré. Par leur
discussion, l'esclave est amené à découvrir une vérité
importante : qu'un carré construit sur la diagonale d'un
autre carré est de surface double.

Puisque l'esclave trouve cette vérité, Socrate en
déduit qu'il devait déjà la posséder en lui. Cette doctrine
de la réminiscence implique celle de la préexistence
de l'âme. Elle est expliquée de façon mythique dans le
Phèdre (72e-77a; 249b-250b) notamment, et ici dans
le *Ménon*. Avant de s'incarner, l'âme aurait vu, dans un
lieu céleste les idées qui sont les vraies réalités. Entrant
dans le monde du devenir et des corps, elle aurait perdu
ce savoir primordial, tout en étant cependant capable
de s'en ressouvenir. Une stimulation sensible pourrait
lui permettre de retrouver ses souvenirs. On peut donc
conclure que ce qui semble être un apprentissage n'est en
fait qu'un souvenir recouvré.

Cette célèbre doctrine platonicienne comporte
plusieurs dimensions. D'un point de vue strictement
pédagogique, elle signifie que l'élève possède en lui tout
le savoir. L'enseignement n'est donc rien d'autre qu'une
incitation à se souvenir de ce que l'on sait déjà. Il s'agit
de réactualiser une connaissance latente.

(L'esclave) saura sans avoir eu de maître, grâce à de simples interrogations, ayant retrouvé de lui-même en lui sa science. (*Ménon* 85d)

D'un point de vue épistémologique, donc du point de vue de la théorie sur la connaissance humaine, la doctrine de la réminiscence formule, sur le mode du mythe, l'existence d'éléments *a priori* dans la connaissance humaine.

En prétendant qu'apprendre, c'est se ressouvenir, Platon veut expliquer qu'il y a des aspects formels ou matériels de la connaissance humaine qui, sans provenir de l'expérience sensible, la précèdent et la conditionnent. Ils sont par conséquent entièrement indépendants de l'expérience. C'est pourquoi on est autorisé à employer dans ce contexte une terminologie kantienne, selon laquelle une connaissance *a priori* est une connaissance indépendante de l'expérience[1]. Par la théorie de la réminiscence, Platon veut expliquer qu'il est impossible d'expliquer la totalité de notre connaissance par la seule expérience sensible.

La dimension pédagogique de la thèse platonicienne nous intéresse plus particulièrement ici, puisqu'elle est, de fait, la négation de la possibilité d'un enseignement authentique. Elle prétend que le maître n'enseigne rien,

---

1. Kant, *Critique de la raison pure* (B 2-3), trad. A. Renaut, Paris, Aubier, 1997, p. 94 : « Nous entendons donc par connaissance *a priori*, dans la suite de cet ouvrage, non pas des connaissances qui adviennent indépendamment de telle ou telle expérience, mais celles qui interviennent d'une manière *absolument* indépendante de toute expérience. » Sur la question fort intéressante d'une comparaison entre Kant et Platon, on lira avec intérêt Rafael Ferber, « Platon und Kant », dans *Argumenta in Dialogos Platonis*, vol. 1, éd. Ada Neschke-Hentschke, Bâle, Schwabe, 2012, p. 371-390.

il ne fait qu'inciter l'élève à se souvenir de ce qu'il sait déjà.

Cette doctrine de Platon était connue au Moyen Âge par deux canaux [1]. Le premier était la traduction latine du dialogue *Ménon* du XIIe siècle, et qu'un auteur du XIIIe siècle comme Thomas d'Aquin pouvait par conséquent connaître.

L'autre voie est plus indirecte. Augustin avait intégré dans sa propre doctrine de la connaissance la théorie platonicienne des idées, tout en rejetant toutefois la réminiscence au sens stricte. Un passage intéressant du *De Trinitate* résume d'abord la doctrine en question :

> Aussi Platon, ce célèbre philosophe, entreprit-il de nous persuader que les âmes ont vécu ici-bas, avant même de s'unir au corps : ainsi s'explique que leur savoir est plutôt la réminiscence de choses sues que la connaissance de choses nouvelles. Il raconte en effet que je ne sais quel jeune esclave, interrogé sur la géométrie, répondit comme un maître en la matière. Interrogé par degrés et avec art, il voyait ce qu'il fallait, disait ce qu'il avait vu [2].

Augustin critique dans la suite du texte la théorie de la réminiscence, tout en acceptant le fond de cette

---

1. Sur la transmission médiévale de l'argument du Ménon *cf.* Ch. Grellard, « Peut-on connaître quelque chose de nouveau ? Variations médiévales sur l'argument du *Ménon* », *Revue philosophique de la France et de l'étranger* 136 (2011) 37-66. Sur la fortune de la doctrine des idées divines *cf.* le numéro spécial de la *Revue thomiste* de 2003 consacré à ce thème.

2. Augustin, *De Trinitate* XII, XV, 24, trad. A. Agaësse, S.J. Notes en collaboration avec J. Moingt, S.J. « Bibliothèque Augustinienne », Bruges, Desclée, 1991, p. 257.

doctrine. Selon le docteur de l'Eglise, il faut remplacer la conception de la réminiscence par celle de l'illumination :

> Il faut plutôt croire que l'âme intellectuelle par sa nature même, voit les réalités qui relèvent naturellement, d'après le dessein du Créateur, de l'ordre intelligible[1].

La doctrine augustinienne prétend donc que toute connaissance certaine est assurée par les idées qui seraient identiques à Dieu. A cette conception se lie la thèse du maître intérieur que Étienne Gilson résume avec justesse comme suit :

> Dans tout ce que nous apprenons, nous n'avons qu'un maître : la vérité intérieure qui préside à l'âme elle-même, c'est-à-dire le Christ, vertu immuable et sagesse éternelle de Dieu[2].

Dans ces conditions, peut-om encore parler d'enseignement? Il vaut donc la peine de regarder d'un peu plus près la manière dont Augustin conçoit l'enseignement.

6. *Le maître intérieur selon Augustin*

C'est probablement vers 389, après la mort de son fils Adeodatus, qu'Augustin rédige le dialogue *De magistro* qui relate une discussion entre un père et son fils[3] : le

1. *De Trinitate*, XII, XV, 24, p. 257.
2. Ét. Gilson, *Introduction à l'étude de Saint Augustin*, 4ᵉ éd., Paris, Vrin, 1969, p. 99.
3. Augustin, *De magistro*, trad. G. Madec, Paris, Études augustiniennes, 1999. Cité dorénavant *De mag.* Pour cette œuvre, on consultera le très ample commentaire d'E. Bermon, *La Signification et l'Enseignement. Texte latin, traduction française et commentaire du* De magistro *de saint Augustin*, Paris, Vrin, 2007. Il faut ici préciser que nous abordons cette œuvre d'Augustin sous un angle limité qui

thème de l'entretien est clairement énoncé au tout début du dialogue. Augustin pose, en effet, la question à son fils :

> Que voulons-nous faire, à ton avis, lorsque nous parlons ? (*De mag.* I, 1, p. 43)

Il s'agit donc d'une discussion ayant trait au langage et à sa fonction, mais aussi à l'enseignement puisque pour les deux interlocuteurs, « lorsque nous parlons, nous voulons enseigner ». Cette affirmation fait surgir une nouvelle question : pouvons apprendre en écoutant ? Dans ce dialogue, Augustin traite d'abord, et de manière assez exhaustive, du langage. Et il faut le suivre un instant dans cette enquête. Dans un premier temps, Augustin décrit l'acte du locuteur en disant :

> Celui qui parle, en effet, donne de sa volonté un signe extérieur par le son articulé. (*De mag.* I, 1, p. 44)

Parler, c'est donc manifester quelque chose d'intérieur au moyen d'un son articulé. Le terme "signe" est utilisé dans ce contexte selon une première acception : le langage est la *manifestation* de la volonté de celui qui parle. Dans la suite du dialogue, Augustin introduit une autre utilisation du terme "signe", précisant que les mots sont des signes :

> Il est donc entendu entre nous que les mots sont des signes. (*De mag.* II, 3, p. 48)

Cette fois, il veut dire que les mots renvoient à un signifié. Il faut dès lors préciser la nature du signe et nous

---

sans doute ne rend pas compte de l'ensemble des problèmes dont traite ce dialogue et que le commentaire de Bermon présente de manière exhaustive.

pouvons, à ce sujet, nous référer à la célèbre définition du signe du traité *De Doctrina Christiana* :

> Un signe est en effet une chose qui, outre l'impression qu'elle produit sur les sens, fait qu'à partir d'elle quelque chose d'autre vient à la pensée[1].

On le voit donc bien : le signe est d'abord quelque chose de sensible, susceptible de frapper les yeux ou l'ouïe, mais dont la fonction essentielle est de renvoyer à quelque chose d'autre : dans le dialogue sur le maître, Augustin insiste encore sur un autre aspect fondamental, à savoir le signe linguistique :

> Il me semble donc qu'en parlant nous désignons par des mots, ou les mots eux-mêmes, ou d'autres signes, comme lorsque nous disons « gestes » ou « écriture », car ce qui est signifié par ces deux mots n'est pas moins signe ; ou bien nous désignons quelque chose d'autre qui n'est pas signe ; comme lorsque nous disons "pierre", car ce mot est un signe ; il signifie quelque chose, mais ce qu'il signifie n'est signe pour autant. (*De mag.* IV, 7, p. 61)

Puisqu'Augustin ne parle pas du signe en général mais du langage comme signe, il envisage donc ici deux possibilités : soit les signes du langage signifient des signes, soit ils signifient quelque chose qui n'est pas à son tour un signe. Augustin introduit ici – sans pourtant utiliser ces termes qui sont empruntés au langage contemporain – la distinction entre « métalangage » et « langage » (ou « langage-objet »). Cependant la question

---

1. *De Doctrina christiana*, II, 1,1 introd., trad. M. Moreau, annotation et notes complémentaires, I. Bochet, G. Madec, Paris, Études augustiniennes, 1997, p. 137.

fondamentale qui préoccupe Augustin, reste celle relative à l'enseignement : le langage sert-il réellement à enseigner, peut-il remplir cette fonction importante ?

Au cours du dialogue d'Augustin, nous assistons à une dévalorisation progressive du langage et de sa fonction [1]. Au début, le langage et ses signes apparaissent comme étant d'une importance primordiale dans la vie des hommes, et à la fin, par contre, la discussion se conclue par le constat d'une utilité minime du langage. Une phrase résume clairement cette thèse : « Par les mots donc nous n'apprenons que des mots » [2]. Ce ne sont donc pas des signes ou les signifiants qui comptent, mais ce qui est signifié, à savoir les « choses ». Il faut préférer, dit encore Augustin, la connaissance aux signes. Le saint docteur propose l'exemple de l'oiseleur afin de démontrer l'inconsistance des signes dans l'apprentissage de quelque chose : quelqu'un qui ignore tout de la chasse aux oiseaux peut tout apprendre, sans le recours des signes, de cet art en observant l'oiseleur. Augustin en conclut à l'impuissance totale du langage pour enseigner. Les termes sont forts, voir même choquants :

> Et ce dont, je m'efforce surtout de te persuader, si je puis, c'est que par les signes que nous appelons des mots, nous n'apprenons rien. (*De mag.* X, 34, p. 131)

Si les mots ne nous apprennent rien, cela implique qu'il n'existe que deux voies possibles pour apprendre ou connaître quelque chose, à savoir la sensation et la saisie directe de l'objet par l'esprit :

---

1. Cet aspect a été mis en avant par l'etude très suggestive de Klaus Kahnert, *Entmachtung der Zeichen. Augustin über Sprache*, Amsterdam, Grüner, 1999.
2. *De mag.*, XI, 36, p. 133.

> En effet tous les objets que nous percevons, nous les percevons soit par un sens corporel soit par l'esprit. (*De mag.* XII, 39, p. 139)

L'inutilité du langage et de l'enseignement ne peut être exprimée de façon plus radicale et plus explicite. A ce propos, pour caractériser le fonctionnement de la connaissance, on a pu parler notamment de la « loi de l'intériorité de la pensée »[1] rien d'extérieur ne pénètre dans l'âme, celle-ci peut tout au plus être stimulée par les sens, mais elle doit « voir » elle-même ses objets, appelés *intelligibilia*. Pour connaître, l'âme doit entrer en elle-même, car c'est là qu'elle trouvera la vérité.

Cette conception fondamentale d'Augustin est énoncée dans un célèbre passage du *De vera religione* résumant tout l'augustinisme philosophique :

> Au lieu d'aller dehors, rentre en toi-même : c'est au cœur de l'homme qu'habite la vérité. Et, si tu ne trouves que ta nature, sujette au changement, va au-delà de toi-même, mais, en te dépassant, n'oublie pas que tu dépasses ton âme qui réfléchit[2].

Augustin exprime la même doctrine dans le *De magistro* :

> Mais au sujet de toutes les réalités dont nous avons l'intelligence, ce n'est pas une parole qui résonne au dehors, c'est la Vérité qui préside intérieurement à l'esprit lui-même que nous consultons. (*De mag.* XI, 38, p. 137)

---

1. Ét. Gilson, *Introduction à l'étude Saint Augustin, op. cit.*, p. 94.
2. Augustin, *De vera religione* XXXIX, 72, introduction, traduction et notes par J. Pegon. S.J., mise à jour par G. Madec, Paris, Desclée, 1982, p. 131.

Cela signifie que l'homme saisit la vérité par lui-même et en lui-même, indépendamment de l'expérience sensible et d'un maître qui enseigne par des mots.

Pour finir, Augustin donne à cette conception d'une connaissance purement intérieure une coloration théologique. Il affirme en effet, que c'est le Verbe de Dieu, le Christ, qui enseigne à chaque homme la vérité :

> Or celui que nous consultons est celui qui enseigne, le Christ dont il est dit qu'il habite dans l'homme intérieur. (*De mag.* XI, 38, p. 137)

Cette proposition résume la célèbre doctrine du « maître intérieur » qui instruit tout homme. Par elle, Augustin entend remplacer la théorie platonicienne de la réminiscence.

L'originalité de cette doctrine réside dans l'étonnante synthèse entre la christologie et la théorie de la connaissance. Nous nous intéressons cependant moins à cette fine pointe théologique de la doctrine augustinienne, tentons plutôt de considérer sa doctrine du langage ; notamment et surtout, quant à ses conséquences pour la théorie de l'enseignement. Nous l'avons vu, le rôle du langage est minime, puisque l'augustinisme dévalorise au maximum ce dernier : par lui nous n'apprenons rien. « Par les mots, nous n'apprenons que des mots. » Il est intéressant de noter que cette dépréciation est liée à l'identification entre langage et signe. Pour Augustin, la seule fonction du langage est celle d'être signe. A la fin, le langage disparaît au profit de ce qu'il est censé signifier. Il est incontestable que cette conception réductrice du langage néglige d'autres fonctions du parler, notamment la communication. Toutefois nous prêtons attention essentiellement à la dimension pédagogique de cette doctrine.

La conclusion d'Augustin est donc qu'il n'y a qu'un seul maître, qu'il est intérieur, et pour apprendre, il faut « entrer en soi-même ». Il en résulte que l'enseignant au sens traditionnel, peut tout au plus inciter l'homme à se tourner vers soi-même, mais rien de plus. Le passage suivant explique clairement que chacun doit lui-même découvrir la vérité :

> Les maître font-ils profession de faire percevoir et retenir leurs propres pensées, et non pas les disciplines qu'ils pensent transmettre en parlant? Et qui donc est aussi sottement curieux qu'il envoie son fils à l'école pour apprendre ce que le maître pense? Mais lorsque les maîtres ont exposé par les mots toutes ces disciplines qu'ils font profession d'enseigner, y compris celles de la vertu et de la sagesse, alors ceux que l'on appelle des disciples examinent en eux-mêmes si ce qui a été dit est vrai, en regardant, cela va de soi, la Vérité intérieure selon leurs forces. C'est alors qu'ils apprennent; et lorsqu'ils ont découvert intérieurement qu'on leur a dit la vérité, ils louent les maîtres, sans savoir qu'ils louent des enseignés plutôt que des enseignants; si toutefois ceux-ci ont le savoir de ce qu'ils disent. (*De mag.* XIV, 45, p. 151)

Les hommes se trompent donc, prétend Augustin, en appelant maîtres des gens qui de fait ne le sont pas. Les auditeurs apprennent intérieurement, mais ils s'imaginent avoir appris extérieurement par quelqu'un d'autre. Peut-on de manière plus explicite exprimer les limites et les bornes de l'enseignement humain? Un maître, donc un professeur, peut, tout au plus, inviter l'homme à chercher en soi-même la vérité, mais en aucun cas il ne saurait transmettre des connaissances.

7. Un célèbre sermon de Bonaventure

La conversion de la doctrine platonicienne par Augustin, semble s'être faite en parfaite conformité avec la célèbre parole de l'Evangile : « Vous n'avez qu'un seul maître, c'est le Christ ». Le contexte de cette parole est à son tour significatif :

> Pour vous, ne vous faites pas appeler « maître », car vous n'avez qu'un maître et, tous vous êtes frères. N'appelez personne votre père sur la terre; car vous n'en avez qu'un : le père céleste. Ne vous faites pas non plus appeler « docteur » (doctor); car vous n'avez qu'un docteur, le Christ. (*Matthieu* 23, 8-10)[1]

On peut aisément comprendre que l'exégèse de ce passage évangélique ait croisé l'influence des doctrines cognitives d'Augustin. Rien d'étonnant que le franciscain Bonaventure, contemporain de Thomas d'Aquin, ait composé un sermon sur le thème de *Matthieu* 23, 10. Selon ce sermon[2] qui date vraisemblablement de la même année que le *De veritate* (à savoir 1254-1257 lorsqu'ils étaient maitres régents à Paris), Bonaventure

---

1. Dans le texte de la *Vulgata* (Clementina) : « Vos autem nolite vocari Rabbi : unus est enim magister vester, omnes autem vos fratres estis. Et patrem nolite vocare vobis super terram : unus est enim pater vester qui in caelis est. Nec vocemini magistri : quia magister vester unus est, Christus. »

2. Bonaventure, *Le Christ Maître*, éd., trad. et comm. G. Madec du sermon universitaire « *Unus est magister noster Christus* », Paris, Vrin, 1990, abrégé LCM dans la suite. Pour une présentation de la pensée de Bonaventure voir Ét. Gilson, *La philosophie de saint Bonaventure*, Paris, Vrin, 1924; J.-G. Bougerol, *Introduction à saint Bonaventure*, Paris, Vrin, 1988; M. Schlosser, *Saint Bonaventure, La joie d'approcher Dieu*, Paris, Cerf, 2007.

rappelle qu'il y a trois formes de connaissance, à savoir la croyance, l'argumentation et la contemplation :

Le Christ est le maître, c'est-à-dire le principe et la voie pour ces trois sortes de connaissance :

> Le Christ, en effet, en tant que Voie, est le Maître et le principe de la connaissance qui s'acquiert par la foi. (LCM, p. 27)

On peut comprendre sans trop de peine que le Christ soit le fondement de la croyance car sans sa lumière : « personne ne peut pénétrer les mystères de la foi. » (LCM, p. 27) Mais Bonaventure prétend également que ce Christ illumine toute connaissance rationnelle :

> Il est aussi le maître de la connaissance qui s'acquiert par la raison. (LCM, p. 31)[1]

Une telle affirmation présuppose une intéressante transformation christologique de la doctrine des idées qu'il n'est pas opportun de développer ici puisque les conséquences pédagogiques de ce sermon retiennent davantage notre attention. Ce qui nous intéresse donc dans ce sermon, ce sont les conséquences qui en découlent pour l'enseignement. Si le Christ est le seul maître, c'est également lui qu'il faut interroger pour apprendre. Et puisque ce maître est intérieur, le véritable enseignement est de même intérieur. Toute doctrine humaine et tout enseignement humain dépendent dès lors de ce maître :

> Et c'est pourquoi lui seul est le Maître et le docteur principal. (LCM, p. 57)

Bien que Bonaventure parle de « maîtres auxiliaires » pour désigner les enseignants humains, il faut, de fait,

---

1. « Est etiam magister cognitionis quae est per rationem. »

parler d'une intériorisation radicale de l'enseignement, doublée d'un christocentrisme tout aussi radical. Toute connaissance humaine est médiatisée par cet unique *magister*, le Christ.

Dans ce sermon, Bonaventure radicalise et systématise les thèses d'Augustin. Mais les deux théologiens sont du même avis en ce qui concerne la possibilité de l'enseignement humain : la vérité habite en l'homme intérieur qui la découvre lorsqu'il écoute le Verbe. Par conséquent, l'enseignant humain, qu'il s'agisse d'un professeur ou d'un prédicateur, peu importe, peut tout au plus inciter le disciple ou l'auditeur à chercher par lui-même, plus exactement à rentrer en lui-même pour se mettre à l'écoute du maître intérieur. Si Augustin et Bonaventure rejoignent la thèse platonicienne de la fonction purement *auxiliaire* de l'enseignement humain, ils ne souscrivent cependant pas à la proposition qu'apprendre, c'est se souvenir. Il faut plutôt affirmer qu'apprendre, c'est écouter la voix du Christ qui retentit à l'intérieur de l'âme.

Si nous lisons la question posée par Thomas dans le texte traduit ci-après, à la lumière des doctrines augustinienne et bonaventurienne, elle prend un tout autre sens, elle prend du relief. En effet, Thomas interroge : « L'homme peut-il enseigner et être appelé maître, ou cela est-il réservé à Dieu seul ? » (DM 1, p. 105). Nous connaissons la réponse de Bonaventure et d'Augustin. Que va répondre le docteur dominicain ?[1]

---

1. L'étude la plus complète sur le sujet est celle de Detlef Rohling, *Omne scibile est discibile. Eine Untersuchung zur Struktur und Genese des Lehrens und Lernens bei Thomas von Aquin*, Münster, Aschendorff, 2012.

8. Découverte et enseignement

Si nous considérons d'abord la formulation de la question posée, il apparaît que Thomas veut mener une enquête sur la possibilité de l'enseignement, il veut savoir si un homme peut enseigner quelque chose à un autre homme et, en deuxième instance, il entend décider si l'on peut – en parlant d'un homme – légitimement parler d'un « maître » (*magister*). Si l'on entend ce titre au sens médiéval du terme, tel qu'il se conçoit au XIIIe siècle, il désigne en premier lieu la personne qui enseigne à l'université. Puisque Thomas était lui-même maître en théologie [1], il est donc incontestable que cet article extrait de la question disputée *De veritate* peut aussi se lire comme une réflexion sur la possibilité et la légitimité de son métier au sein de l'université.

Comme nous l'avons déjà dit cette question se pose essentiellement en lien avec la célèbre parole du Christ qui dit qu'il n'y a qu'un seul maître, Dieu, et qu'il ne faut appeler personne « maître ». Ce passage de la Bible constitue sans doute le prétexte et le point de départ de la question. Prétexte biblique qui sera, nous allons le voir, vite dépassé car, Thomas veut, sur un plan général et philosophique, prouver la lémité et la possibilité de l'enseignement.

---

1. Sur le contexte historique des Questions disputées *De veritate* *cf.* Torrell, *Initiation*, p. 79-108. Voir aussi Thomas von Aquin, *Über den Lehrer, De magistro*. Quaestiones disputatae de veritate Quaestio XI. Summa theologiae Pars I, quaestio 117, articulus 1. Herausgegen, übersetzt und kommentiert von G. Jüssen, G. Krieger, J.H.J. Schneider. Mit einer Einleitung onv H. Pauli, Hamburg, Meiner, 1988 ; Tommaso d'Aquino, *De magistro, introduzione, traduzione e commento*, T. Gregory, Roma, Armando, 1965.

Si nous tentons de *reconstruire* la démarche théorique de Thomas, il faut commencer par se demander comment il conçoit l'enseignement. Si nous regardons du côté du disciple, nous constatons qu'il y a acquisition de quelque chose. Thomas parle de l'acquisition d'un savoir. Or comment faut-il interpréter cette acquisition de la science (*scientia*)? Comment décrire le processus que l'on désigne ainsi? On peut dire qu'il y a acquisition d'un savoir lorsqu'un sujet humain acquiert une connaissance qu'il ignorait auparavant. En termes thomasiens : le sujet parvient à la connaissance de ce qui était auparavant inconnu.

Sur cette base, Thomas précise qu'il faut distinguer deux manières d'acquérir la connaissance de quelque chose d'inconnu :

> Soit que la raison naturelle parvienne *par elle-même* à la connaissance de ce qu'elle ignore ... soit *quelqu'un apporte son aide*, de l'extérieur, à la raison naturelle. (DM 1, p. 139)

En d'autres termes : une personne acquiert la connaissance par elle-même ou grâce à un autre. Dans le premier cas, il s'agit de ce que le médiévaux désignent comme découverte (*inventio*), dans le second cas nous pouvons parler de l'enseignement (*disciplina*).

Pour expliquer et approfondir cette distinction, Thomas propose une comparaison entre la guérison d'un malade et l'acquisition du savoir en se servant d'un adage dont on ne saurait surestimer l'importance : « l'art imite la nature »[1].

---

1. *Ars imitatur naturam*. Cet adage provient de la *Physique* d'Aristote (II, 2, 194a21). Sur la réception multiple et fascinante de cet adage aristotélicien *cf.* H. Blumenberg, « Nachahmung der

Il ne s'agit pas d'un principe esthétique, mais d'une règle qui décrit le rapport entre l'opération de l'homme et l'activité de la nature. Cette règle prétend que les activités humaines imitent celles de la nature, et elle détermine de la sorte le statut ontologique, non seulement de la production, mais encore de l'action humaine.

Quel enseignement peut-on tirer de la comparaison avec la guérison à propos de la distinction entre découverte et enseignement?

> Dans tout ce qui est produit à la fois par la nature et par l'art, l'art opère de la même manière et par les mêmes moyens que la nature elle-même : de même, en effet, que la nature rendrait la santé à ce qui est malade à cause du froid en le réchauffant, de même ferait le médecin, et c'est la raison pour laquelle on dit que l'art imite la nature. Il en va de même pour l'acquisition de la science : celui enseigne achemine les autres vers la connaissance de ce qu'ils ignorent, en procédant de la même manière que celui s'achemine lui-même, par la méthode de l'invention, vers la connaissance de ce qu'il ne sait pas. (DM 1, p. 139-141)

Thomas prétend donc que l'enseignement suit le même chemin que la *découverte* et il en résulte que l'enseignement est une acquisition de la science grâce à un intermédiaire : le maître. Thomas exprime ce processus en termes clairs :

> L'un enseigne l'autre dans la mesure où le premier expose au second, à l'aide de signes, le processus rationnel qu'il développe en lui-même par sa propre raison naturelle; ainsi, grâce à ce qui lui est proposé

Natur. Zur Vorgeschichte der Idee des schöpferischen Menschen », in *Wirklichkeiten in denen wir leben*, Stuttgart, Reclam, 1981, p. 55-103.

de cette manière et qui lui sert en quelque sorte d'instrument, la raison naturelle du disciple parvient à la connaissance de ce qu'il ignorait. (DM 1, p. 141)

Nous pouvons exprimer cette doctrine en d'autres termes : l'un enseigne à l'autre signifie que le maître par des signes, instruit le disciple de ce que le maître a trouvé lui-même, pour que le disciple le découvre à son tour.

Ce qui précède révèle déjà quelques aspects fondamentaux de la doctrine thomasienne de l'enseignement. Il faut cependant approfondir cette première approche en tenant compte du cadre métaphysique dans lequel le dominicain situe sa théorie pédagogique.

9. *Comparaison entre trois sortes d'acquisition d'une forme*

En effet, dans ce texte dont nous tentons ici une présentation, Thomas place l'enseignement dans un contexte plus vaste et plus large conférant de la sorte à la question de l'enseignement une dimension proprement métaphysique à travers une comparaison. Nous l'avons dit, la *disciplina* comme *l'inventio* sont interprétées par Thomas comme acquisition de la science par un sujet connaissant. On peut établir une comparaison entre ce cas et celui d'une personne qui acquiert une vertu ou l'habitus d'une vertu. Dans les deux circonstances, un sujet acquiert une nouvelle forme ou une nouvelle détermination.

Ces deux exemples d'acquisition d'une nouvelle forme, Thomas les compare de plus avec un troisième cas qu'il tire du domaine de la nature. Pour bien comprendre ce troisième moment de la comparaison, on se souviendra que Thomas, à la suite d'Aristote, interprète le monde naturel en terme de matière et de forme. Ces deux principes intrinsèques de l'être physique permettent d'expliquer le changement et le devenir, puisque tout changement et tout devenir peut précisément s'expliquer par l'acquisition d'une nouvelle forme ou la perte d'une forme antérieure.

Pour notre propos, il importe de noter l'analogie que Thomas établit entre le devenir naturel, l'enseignement et la croissance morale. Cette comparaison atteste, selon Thomas, qu'on peut expliquer la *physique*, la *morale* et *l'activité scientifique* (théorie) de la même manière. Ce qui revient à dire que les mêmes principes d'explication sont valables pour le monde naturel et le monde humain, donc pour la physique, l'éthique et la pédagogie. Par conséquent, Thomas amorce la réponse à la question posée en disant :

> Il faut dire que l'on trouve la même diversité d'opinions à propos des trois questions suivantes, à savoir : à propos de la manière dont les formes parviennent à l'existence, à propos de l'acquisition des vertus et à propos de l'acquisition de la science. (DM 1, p. 127)

Cette correspondance structurelle entre *eductio formarum*, *acquisitio virtutum*, *acquisitio scientiae*, révèle le fondement de la vérité de l'adage : « l'art imite la nature » ; cet adage se fonde, en effet, sur une similitude structurelle du monde naturel et du monde humain, similitude structurelle qui atteste l'unité profonde du réel dans toute sa diversité et qui représente, sans doute, un des aspects majeurs de la conception thomasienne de la réalité.

Ayant donc dans un premier temps établi la correspondance structurelle entre ces trois modes d'acquisition, Thomas expose, dans un second temps, deux façons extrêmes d'interpréter ces trois cas analogues, avant de formuler sa propre réponse concernant l'interprétation des trois phénomènes en proposant une *via media*, une voie moyenne. Cette façon de procéder est intéressante puisqu'elle manifeste que l'effort spéculatif thomasien consiste souvent en la recherche d'une position intermédiaire.

La première voie qu'il expose est celle de la pure extériorité. Elle ne prétend pas seulement que le changement d'une détermination ou son actualisation présuppose un agent, mais encore et surtout, insiste sur l'extériorité de cet agent, puisqu'il faut comprendre cet agent comme étant responsable à la fois du changement naturel, de l'acquisition de la science et de la vertu, comme extérieur ou encore transcendant par rapport au sujet subissant la transformation. Mais il s'agit d'une extériorité radicale, car selon cette conception un être « extramondain » serait la cause immédiate et directe de tout changement formel dans ce monde. Thomas attribue cette conception – qui de fait implique toute une vision du monde – au philosophe musulman Avicenne (980-1037)[1], dont il mentionne le nom dans le texte.

---

1. Pour une initiation à la pensée du médecin persan *cf.* D. Gutas, *Avicenna and the Aristotelian tradition : introduction to reading Avicenna's philosophical works*, Leiden-New York 1988 ; L. E. Goodman, *Avicenna*, London-New York, Routledge, 1992 ; G. Strohmaier, *Avicenna*, München, Beck, 1999 ; M. Sebti, *Avicenne, l'âme humaine*, Paris, P.U.F., 2000 ; Y.T. Langerman, *Avicenne and his legacy : a golden age of science and philosophy*, Turnhout, Brepols, 2009 ; sur l'influence de ce philosophe important, *cf.* A.-M. Goichon, *La philosophie d'Avicenne et son influence en Europe médiévale*, Paris, 1944 ; *Avicenna end his heritage. Acts of the international colloquium Leuven-Louvain, 1999*, J. Janssens, D. De Smet (eds.), Leuven, University Press, 2002.

Or, ce qui doit nous intéresser avant tout, c'est plutôt la *signification philosophique* de cette position, que son attribution au philosophe persan. Cet être transcendant, selon Avicenne, serait un être intermédiaire entre Dieu et les réalités sublunaires.

Il faut se souvenir que pour les médiévaux l'univers est constitué d'une série de sphères concentriques qui tournent autour du globe terrestre. La terre immobile se trouve donc au centre de ce monde, alors que la sphère de la lune représente la limite entre le monde inférieur et le monde céleste. On parle du monde sublunaire pour désigner la terre et l'atmosphère qui l'entoure. Ce monde sublunaire, dont Aristote est le premier théoricien, est celui de la corruption et de la génération, alors que le monde céleste n'est pas soumis de la même façon au devenir et la disparition [1].

Selon la position attribuée par Thomas à Avicenne, l'agent responsable du changement formel dans le monde sublunaire serait un être qui transcende le monde sublunaire. Plus exactement il s'agirait d'une intelligence séparée. Il faut une nouvelle fois rappeler un détail de la cosmologie avicennienne, dont l'origine est aristotélicienne : chacune des huit ou neuf sphères célestes est présidée par une substance séparée, à savoir une intelligence pure (pure signifiant libre de la matière). Suivant cette théorie de la pure extériorité, l'agent produisant le changement formel serait donc une intelligence séparée.

1. Pour la doctrine cosmologique de Thomas, *cf.* Th. Litt, *Les corps célestes dans l'univers de saint Thomas d'Aquin*, Louvain-Paris, Publications universitaires-Nauwelaerts, 1963. La cosmologie médiévale est magnifiquement présentée par M.-P. Lerner, *Le monde des sphères*, 2 vol., Paris, Les Belles Lettres, 1996-1997.

En attribuant l'action qui produit le changement naturel, l'acquisition de la vertu et de la science à cette intelligence séparée, Avicenne prive, selon Thomas, à la fois, le monde naturel et l'homme, de son indépendance dans l'ordre de l'opération, puisque c'est par une intervention d'un agent extérieur que l'on explique ces modifications. Ainsi pour ce qui est de la connaissance, toute connaissance nouvelle serait due à ce qu'il convient d'appeler une illumination venant d'un être qui transcende le monde. Par conséquent tout changement dépendrait directement de causes transcendantes, et l'autonomie, même relative, du monde et des réalités qui s'y trouvent, n'existerait pas. Voici comment Thomas lui-même résume cette conception :

> Certains ont dit, en effet, que toutes les formes sensibles tenaient leur être d'un agent extérieur, c'est-à-dire d'une substance ou d'une forme séparée appelée donatrice des formes ou intelligence agente, et que tous les agents naturels inférieurs n'avaient d'autre rôle que de préparer la matière à recevoir la forme. D'une manière semblable, Avicenne dit dans sa *Métaphysique* que « notre action n'est pas la cause de l'habitus du bien, mais que l'action écarte ce qui est contraire à cet habitus et prépare à la recevoir, de telle sorte que cet habitus puisse venir de la substance qui donne leur perfection aux âmes des hommes, c'est-à-dire de l'intelligence agente ou d'une substance qui lui est semblable.
>
> Les mêmes auteurs affirment également que la science ne peut être produite en nous que par un agent séparé, et c'est la raison pour laquelle Avicenne déclare (....) que les formes intelligibles s'écoulent de l'intelligence agente jusqu'en notre esprit. (DM 1, p. 127-129)

On peut bien comprendre cette conception cohérente et claire : un être transcendant, mais qui n'est pas Dieu, appelé même *dator formarum*, produit les changements naturels, illumine les hommes et les fait progresser moralement.

A cette position de la pure extériorité, Thomas d'Aquin oppose la conception de certains que nous pouvons appeler immanentistes. Qu'est-ce qui caractérise cette interprétation des trois phénomènes ? Elle prétend que dans les trois cas, *aucune* intervention d'une cause extérieure ou d'un agent autre que le sujet lui-même est nécessaire, mais que le changement de détermination n'est que la manifestation d'une forme qui existait déjà dans le sujet. Dans le cas du changement naturel, cela signifie que le sujet ultime de toute transformation, à savoir la matière, contient en acte toutes les formes. Appliqué au domaine de la raison pratique, l'immanentisme conclut que toutes les vertus sont innées. Elles peuvent se manifester lorsque, par la pratique, on supprime les obstacles qui les occultent. De même, selon cette opinion, toute science et tout savoir seraient innés et la connaissance ne serait donc rien d'autre qu'un souvenir :

> De même certains ont dit que la science de toutes choses était créée en même temps que l'âme, et que l'enseignement et les moyens extérieurs qui nous permettent de parvenir à la science ne font rien d'autre qu'amener l'âme à se souvenir de ce qu'elle savait auparavant ou à le considérer à nouveau ; ils disent donc qu'apprendre n'est pas autre chose que se souvenir. (DM 1, p. 131)

Il est évident que Thomas se réfère ici à la doctrine de Platon sans toutefois mentionner le nom, lorsqu'il résume la théorie en question en disant : *addiscere nihil est aliud quam reminisci.*

Thomas rejette les deux positions, et pour la même raison, qui est révélatrice de sa propre compréhension du monde et du réel. Il fait valoir *une certaine autonomie* dans l'agir pour les réalités mondaines en général, et l'homme en particulier. C'est pourquoi il refuse la première position qui explique tout par une intervention directe de causes transcendantes. Une telle intervention directe détruirait l'ordre de l'univers, pense Thomas, parce qu'elle supprime la fonction des causes secondes, donc elle annihile l'autonomie opérative des êtres mondains. Cet argument nous montre que, pour Thomas, il est essentiel que les êtres finis fonctionnent en quelque sorte par eux-mêmes et qu'un recours immédiat à Dieu ou à des intermédiaires – dans le fonctionnement ou dans l'explication du monde – n'est non seulement pas nécessaire, mais encore superflu et dangereux.

Cette autonomie relative des êtres dans leur action est également menacée par l'autre position, car selon elle, les êtres inférieurs n'agiraient que *par accident.* Que faut-il entendre par là ? Si, comme il est sous-entendu, toutes les déterminations sont déjà en acte, il n'y a de fait aucun changement et aucune acquisition de formes dans le monde. Ce qui apparaît comme tel n'est au fond qu'une *manifestation de ce qui existe déjà* dans le sujet. Dans le cas de la connaissance, le fait est clair : si apprendre c'est se souvenir, le sujet n'apprend rien. Ce qui apparaît comme tel n'est qu'une actualisation de ce qui était déjà latent.

Par opposition à cet immobilisme qui prétend que tout existe virtuellement dès l'origine, Thomas entend défendre le changement réel ou la *transformation*. On pourrait dire aussi qu'il défend la nouveauté, une nouveauté due à l'action réelle des agents inférieurs, indépendamment des causes transcendantes. Thomas opte donc pour un monde en changement, une réalité où il y a des transformations effectives et réelles. En fin de compte, la seconde position pèche par le même défaut que la première. S'il n'y a aucun changement véritable ou aucune acquisition d'une nouvelle détermination, il faut alors également admettre que tout dépend directement de la cause première ayant institué ce monde contenant de manière latente toutes les formes.

10. *La voie moyenne*

En optant pour la voie intermédiaire, Thomas veut donc avant tout défendre l'indépendance opérative du monde. Et il n'est pas difficile de deviner quelle sera sa propre solution : elle se présente comme un compromis entre les deux extrêmes qu'on vient de décrire. En se servant des concepts aristotéliciens d'acte et de puissance (*actus / potentia*), Thomas va répondre que, dans les trois cas, le sujet contient les formes nouvelles en puissance, et qu'un agent extérieur, mais non transcendant, actualise ces formes en puissance.

Ainsi la matière contient en puissance les déterminations nouvelles qui seront actualisées par un agent extérieur au sujet. De même pour l'homme qui acquiert des vertus, il existe des inclinations naturelles à la vertu, mais l'homme doit lui-même actualiser et réaliser ces dispositions qui se trouvent en lui.

Et finalement, pour ce qui est de l'acquisition du savoir, il existe dans le sujet connaissant ce que Thomas appelle des « germes de la science » qui réclament une actualisation.

Il est assez facile de voir en quoi consiste le compromis ou la médiation de Thomas : il concède à l'immanentisme qu'il y a dans ces trois cas une *disposition potentielle* et il concède au transcendantalisme que cette disposition a besoin d'une *actualisation* et d'un agent qui la réalise. De cette façon, le dominicain pense sauver à la fois *l'autonomie* du monde et de l'homme, et en même temps, il affirme la *transformation réelle du monde*, ce qui pour le cas de la connaissance veut dire qu'il admet une réelle acquisition du savoir par l'enseignement. Thomas précise, par rapport à la connaissance, comment il convient d'interpréter la potentialité de ces germes du savoir, en disant qu'il ne s'agit pas seulement d'une puissance purement passive, mais d'une puissance active complète. Dans ce cas, comme il l'explique, la fonction de l'agent extérieur n'est qu'instrumentale :

> Quand donc quelque chose préexiste en puissance active complète, l'agent extrinsèque n'agit alors qu'en aidant l'agent intrinsèque. (DM 1, p. 137).

Il en résulte pour le savoir et l'acquisition du savoir dans le cas de l'enseignement, que le sujet connaissant possède en lui, selon la puissance active complète, les germes de tout savoir. Ces germes de tout savoir sont d'un côté, les premiers concepts de l'intellect – Thomas mentionne dans le texte les notions de l'étant (*ens*) et de l'un – et, ce qu'il appelle ici les *dignitates*, à savoir les premiers principes. Il convient de citer littéralement ce passage tout à fait essentiel :

> On doit enfin parler de la même manière de l'acquisition de la science. Des germes de sciences préexistent en nous, à savoir ces premières conceptions de l'intellect,

qui nous sont immédiatement connues, grâce à la lumière de l'intellect agent, par le moyen des espèces abstraites des objets sensibles, soit qu'il s'agisse de principes complexes tel que les axiomes, soit qu'il s'agisse de notions simples telles que la notion d'être, la notion d'un, ou d'autres notions semblables que l'intellect saisit instantanément. Dans ces principes universels, comme en des raisons séminales, sont incluses toutes les conséquences. Quand donc l'esprit est conduit, à partir de ces notions universelles, à connaître en acte des choses particulières qui n'étaient connues auparavant que dans l'universel et comme en puissance, alors on dit que quelqu'un acquiert la science. (DM 1, p. 135-137)

Dans ce passage, il faut relever la manière dont Thomas décrit le processus de la connaissance. Il parle d'une application des principes à des objets particuliers :

La science préexiste donc en celui celui qui apprend, non pas comme puissance purement passive, mais comme puissance active. (DM 1, p. 139)

Nous pouvons conclure que l'acquisition de la science est une actualisation de ce qui préexiste de façon latente dans le sujet, grâce aux premiers principes et aux premières notions. Thomas dit même que ces germes de la science – donc les premiers principes et les premières notions – présentent une certaine similitude avec la vérité incréée. Ailleurs, il parle de principes innés : *principia innata* (DM 1, p. 142). Cette façon d'expliquer la genèse du savoir humain comme une actualisation de quelque chose d'activement latent mérite notre attention puisqu'elle semble s'opposer à la conception traditionnelle du réalisme thomasien, selon laquelle, toute connaissance serait *a posteriori* et empirique.

Après ces diverses précisions, on peut expliquer sans difficulté à *en quoi consiste l'enseignement* : il est une forme d'acquisition du savoir dans laquelle un agent extérieur, à savoir le maître, aide le sujet à actualiser ce qu'il possède déjà selon une puissance active :

> On dit donc, à partir de cela, que l'un enseigne l'autre dans la mesure où le premier expose au second, à l'aide de signes, le processus rationnel qu'il développe en lui-même par sa raison naturelle ; ainsi, grâce à ce qui lui est proposé de cette manière et qui lui sert en quelque sorte d'instrument, la raison naturelle du disciple parvient à la connaissance de ce qu'elle ignorait. (DM 1, p. 141)

11. *Conclusions*

La présentation et l'explication de *De veritate* XI, 1 nous autorise à tirer *deux* conclusions importantes. Premièrement, ce texte traitant explicitement de l'enseignement, montre, à travers le parallélisme que Thomas établit entre le changement naturel et l'acquisition de la science, comment concrètement il tente d'élaborer une philosophie de l'équilibre, dont le trait fondamental est l'attribution à la réalité finie – le monde et l'homme en particulier – d'une *autonomie relative* par rapport à Dieu. Il revalorise de façon considérable les causes secondes, lorsqu'il dit que la cause première confère aux êtres qui dépendent d'elle, non seulement l'être, mais encore la capacité d'être causes [1]. Et cette indépendance relative est solidaire de l'interprétation thomasienne du rapport entre la nature et la grâce. Thomas redonne de la valeur au domaine de la nature, et cette autonomie

---

1. Quand on parle de « causes secondes », c'est toujours par rapport à la cause première, Dieu.

dans l'opération est analogue à la valeur intrinsèque qui revient à toute réalité finie. Cependant, tout en insistant sur cette indépendance, il maintient une dépendance par rapport à la cause première, or cette dépendance consiste justement dans le don de la capacité d'agir d'une façon autonome. Cet équilibre difficile peut se vérifier à travers l'interprétation thomasienne de l'acquisition du savoir. Selon lui, il n'est nullement nécessaire de recourir directement à Dieu pour expliquer cette acquisition. Au contraire, il faut dire que *le sujet humain est créé de façon à acquérir par lui-même la connaissance.* L'acquisition de la connaissance est donc une œuvre réellement et pleinement humaine. Il est dès lors logique que Thomas d'Aquin rejette avec force la doctrine de l'illumination selon laquelle la connaissance humaine dépend directement de l'aide divine [1]. Alors que pour un Bonaventure toute connaissance certaine est directement « illuminée » par Dieu, pour Thomas d'Aquin, c'est l'homme qui connaît par lui-même puisqu'il est un être capable de connaître de façon indépendante : Dieu a créé l'homme comme un être doué d'un intellect et d'une volonté, capable d'agir de façon indépendante.

Deuxièmement, quant à la conception de l'enseignement, Thomas se situe entre des positions extrêmes qui, bien que pour des raisons différentes, n'admettent point d'enseignement humain au sens fort du terme. Les uns attribuent tout à un agent transcendant, les autres postulent une préexistence de la connaissance dans le disciple.

---

1. Voir *ST* I, q. 84, a. 4-5.

Selon Thomas, on peut dire qu'un enseignement humain existe effectivement et que donc, certains hommes peuvent légitimement être appelés « maîtres ». Or ce qui frappe le lecteur dans la position de Thomas, c'est l'équilibre qu'il veut établir entre l'*activité* et la *passivité* des deux personnes engagées dans le processus pédagogique. Il ne faut pas s'imaginer un élève purement passif qui reçoit le savoir du maître. Il n'y a donc pas une simple *transmission du savoir* comme si un enseignant « plein » donnait un savoir à un disciple « vide ». Il n'y a pas non plus transfert de quelque chose entre quelqu'un qui sait et quelqu'un qui ne sait pas ou qui ignore. Thomas envisage le rapport entre le maître et le disciple de manière beaucoup plus complexe et nuancée. Il rejette explicitement la thèse de la pure extériorité comme si le maître causait le savoir dans le disciple. Certes Thomas peut affirmer : « celui qui enseigne cause la science dans celui qui apprend » (*ST* I, q.17, a.1, p. 237). Mais en même temps il précise comment il faut l'entendre. Deux choses sont à considérer ici. D'abord, il convient de rappeler un principe tout à fait fondamental pour Thomas et nous en avons déjà parlé : *l'art imite la nature*. L'art de l'enseignement est d'agir comme la nature agirait. Nous avons vu qu'il y a deux manières d'acquérir le savoir : la découverte et l'enseignement. Ce dernier est du domaine de l'art et doit, dans sa démarche, procéder comme l'*inventio*. Ensuite, le maître n'est qu'un agent auxiliaire par rapport à *l'agent principal qu'est l'élève*. Et ce point est essentiel ! L'activité du maître conforte celle de l'élève. Le maître soutient le disciple dans sa recherche, afin qu'il trouve de lui-même :

> Il faut répondre que, comme on vient de le dire, l'homme qui enseigne assure un service purement

> extérieur, à la façon du médecin qui guérit. Mais, de
> même que la nature intérieure du malade est la cause
> principale de la guérison, de même la lumière intérieure
> de l'intellect est la cause principale de la science. (*ST* I,
> q. 117, a. 1, ad 1, p. 243)

Nous pouvons donc dire que le maître remplit une
fonction ancillaire dans le processus d'acquisition de
la connaissance. Il doit aider le disciple à trouver, à
découvrir par lui-même. Il n'est pas étonnant que pour
cette raison l'*inventio*, la découverte par soi-même est
plus parfaite que la *disciplina*, du point de vue de celui
qui « apprend » du moins. Selon Thomas d'Aquin,
l'enseignement est, par conséquent, entièrement orienté
vers l'activité de l'élève :

> De même donc que l'on dit du médecin qu'il est la
> cause de la santé rendue au malade par l'action de la
> nature, de même dit-on, qu'un homme est la cause de
> la science engendrée en un autre par *l'activité de la
> raison naturelle* de ce dernier. Et voilà ce qu'on appelle
> enseigner. (DM 1, p. 141-143)

Non seulement l'enseignant est au service de
l'élève, mais encore et surtout, le but de l'enseignement
est *l'activité autonome de l'élève*. De plus, dans
l'apprentissage lui-même, Thomas insiste sur la part
active que prend le disciple dans l'enseignement. Dans
l'enseignement authentique, l'élève n'est jamais un
simple auditeur.

Toutefois il ne faut pas sous-estimer la fonction du
maître. Comme nous avons tenté de le montrer, Thomas
reconnaît, contrairement à la position qu'il prête à
Platon, Augustin et Bonaventure, la possibilité d'un
enseignement authentique de l'homme par l'homme,

justifiant de la sorte *son propre métier de professeur*.
Cependant cet enseignement n'est pas à concevoir
comme un simple transfert :

> Il faut répondre que le maître n'est pas la cause de la
> lumière intelligible dans le disciple, et il n'est pas non
> plus la cause directe de ses espères intelligibles. Mais
> par son enseignement, *il meut le disciple à former lui-
> même, par la puissance de son propre intellect*, les
> conceptions intelligibles dont il lui présente les signes
> de l'extérieur. (*ST* I, q. 117, a. 1 ad 3)

Par des signes le maître expose au disciple ce qu'il a
découvert et ce qu'il contemple. De la sorte est engendré
dans le disciple une science semblable à celle du maître.
Il est patent que cette imitation représente non seulement
un important gain de temps mais encore assure un accès
plus facile au savoir :

> Les formes intelligibles, dont est constituée la science
> acquise par l'enseignement, sont imprimées dans
> le disciple d'une manière immédiate par l'intellect
> agent, mais de manière médiate par celui qui enseigne.
> Le maître présente en effet des signes des réalités
> intelligibles, d'où l'intellect agent abstrait les intentions
> intelligibles et les imprime dans l'intellect possible.
> De là vient que les paroles du maître elles-mêmes,
> qu'elles soient entendues ou qu'elles soient vues dans
> un écrit, exercent leur causalité de la même manière,
> dans la production de la science de l'intellect, que les
> choses extérieures à l'âme, parce que l'intellect agent
> tire des unes et des autres les intentions intelligibles.
> Les paroles du maître cependant, en tant que signes des
> intentions intelligibles, exercent leur causalité dans la
> production de la science d'une manière plus immédiate

que les objets sensibles subsistant en dehors de l'âme. (DM 1, ad 11, p. 153)

Même si la fonction de maître est auxiliaire, elle est néanmoins indispensable pour la vie intellectuelle. Thomas l'a lui-même expérimenté – comme élève et comme professeur. Sa théorie de l'enseignement s'insère donc parfaitement, comme théorie, dans la réalité de l'université médiévale dont il fut un des professeurs les plus célèbres [1].

Septembre 2015

Le texte latin est celui de l'édition Léonine : *Quaestiones disputatae de veritate*, cura et studio fratrum praedicatorum, tous XXII, volumen I, fasc. 3, Roma, Editori di san Tommaso, 1975. La traduction est de Bernadette Jolliès, publiée pour la première fois en 1983 (Paris, Vrin). Les notes de la traduction, le vocabulaire ainsi que la bibliographie proviennent de la même publication. L'introduction et les index sont nouveaux

1. Je remercie Adriano Oliva et Christophe Grellard pour leur lecture critique de cette introduction.

Thomas d'Aquin

QUESTIONS DISPUTÉES SUR LA VÉRITÉ

QUESTION XI : LE MAÎTRE

(*DE MAGISTRO*)

QUAESTIONES DISPUTATAE DE VERITATE
QUAESTIO UNDECIMA

DE MAGISTRO

QUESTIONS DISPUTÉES SUR LA VÉRITÉ
QUESTION XI

LE MAÎTRE

ARTICULUS PRIMUS

Quaestio est de magistro. Et primo quaeritur utrum homo possit docere et dici magister vel solus Deus. Et videtur quod solus Deus doceat et magister dici debeat : 1. Matth. XXIII[8] « Unus est magister vester », et praecedit « Nolite vocari rabbi », super quo glosa « ne divinum honorem hominibus tribuatis, aut quod Dei est vobis usurpetis » ; ergo magistrum esse et docere solius Dei esse videtur.

**L'homme peut-il enseigner et être appelé maître,
ou cela est-il réservé à Dieu seul ?** [1] [a]

Il est question du maître. On se demande d'abord si un homme peut en enseigner un autre et être appelé maître, ou si cela n'appartient qu'à Dieu.

Il semble que Dieu seul enseigne et doive être appelé maître :

1. Il est écrit en effet (*Mt* 23,8) : « Vous n'avez qu'un Maître » et, immédiatement auparavant : « Ne vous faites pas appeler Rabbi » [2], ce que la *Glose* commente ainsi : « De peur que vous n'attribuiez aux hommes un honneur qui est dû à Dieu, ou que vous ne vous appropriiez ce qui n'appartient qu'à Dieu » [3]. Donc il semble qu'être maître et enseigner n'appartiennent qu'à Dieu seul.

1. Lieux parallèles : *Super Sent.*, II, d. 9, q. 1, a. 2, ad 4 ; *ibid.*, d. 28, q. 1, a. 5, ad 3 ; *ST* I, q. 117, a. 1 ; *C. Gent.*, II, c. 75.

a. Les chiffres présents dans le texte renvoient aux notes, les astérisques renvoient au vocabulaire.

Les titres complets, les éditions et les traductions des ouvrages cités dans les notes sont indiqués dans la bibliographie, à la fin du volume.

2. Ce texte de *Mt* 23, 8, ainsi que le verset 10 : « Ne vous faites pas appeler maîtres, parce que vous n'avez qu'un maître, le Christ », est souvent cité par Augustin : voir notamment *De magistro*, c. 14, 46 ; *In epist. Johann. ad Parthos*, tr. 3, 13 ; *Sermo 270*. D'autres références sont signalées par G. Madec, *B.A.*, 6, note complémentaire 7, p. 545-548.

3. *Glossa interlinearis super Mt 23, 8*, qui reproduit Pseudo-Chrysostome, *Opus imperfectum in Mt*, hom. 43. Rappelons que la *Glose* est un vaste recueil, constitué principalement à partir

2. Praeterea, si homo docet, nonnisi per aliqua signa quia, si etiam rebus ipsis aliqua docere videatur, ut puta si aliquo quaerente quid sit ambulare aliquis ambulet, tamen hoc non sufficit ad docendum nisi signum aliquod adiungatur, ut Augustinus probat in libro De magistro, eo quod in eadem re plura conveniunt unde nescietur quantum ad quid de re illa demonstratio fiat, utrum quantum ad substantiam vel quantum ad accidens aliquod eius; sed per signa non potest deveniri in cognitionem rerum quia rerum cognitio potior est quam signorum cum signorum cognitio ad rerum cognitionem ordinetur sicut ad finem, effectus autem non est potior sua causa; ergo nullus potest alii tradere cognitionem aliquarum rerum, et sic non potest eum docere.

2. De plus, si l'homme enseigne, ce ne peut être que par des signes ; car, s'il semble parfois enseigner au moyen des choses elles-mêmes, ainsi par exemple s'il se met à marcher pour répondre à quelqu'un qui lui demande ce que c'est que marcher, cela ne suffit cependant pas à enseigner si l'on n'y ajoute pas quelque signe, comme le prouve Augustin dans son traité *Du maître*[1] ; du fait qu'une même chose est composée de plusieurs éléments, on ne pourra en effet savoir auquel d'entre eux se réfère la démonstration, et si elle se rapporte à la substance* ou à quelque accident*. Mais on ne peut parvenir à la connaissance des choses par les signes, car la connaissance des choses est supérieure à celle des signes[2], puisque la connaissance des signes est ordonnée à la connaissance des choses comme à sa fin et que l'effet n'est pas supérieur à sa cause[3]. Nul ne peut donc transmettre à un autre la connaissance des choses ni par conséquent l'enseigner.

du début du XIIe siècle mais qui ne trouvera sa forme définitive que durant la première moitié du XIIIe siècle, dans lequel le texte des livres saints est accompagné d'explications empruntées à des commentaires patristiques ou médiévaux plus anciens. La plupart de ces explications sont reproduites dans les marges du texte biblique (*Glossa marginalis*) ; d'autres, plus brèves, sont reproduites entre les lignes (*Glossa interlinearis*).

1. *Cf.* Augustin, *De magistro*, c. 3, 6 ; c. 10, 29 et 31.

2. *Cf.* Augustin, *De magistro*, c. 9, 25-28, où Augustin déclare notamment à Adéodat, son interlocuteur : « Tu accordes en effet que la connaissance des choses est plus précieuse que les signes des choses. Partant, la connaissance des choses qui sont signifiées est préférable à la connaissance des signes » (trad. G. Madec, p. 115).

3. Même idée dans *ST* I, q. 60, a. 4, obj. 2 ; *C. Gent.*, III, c. 120. *Cf.* aussi Augustin, *De diversis quaestionibus 83*, q. 2 : « Rien de ce qui est produit ne saurait égaler ce qui le produit » (trad. G. Bardy et coll., p. 53).

3. Praeterea, si aliquarum rerum signa alicui proponantur per hominem, aut ille cui proponuntur cognoscit res illas quarum sunt signa aut non; si quidem res illas cognoscit, de eis non docetur; si vero non cognoscit, ignoratis autem rebus nec signorum significationes cognosci possunt : quia enim nescit hanc rem quae est lapis, non potest scire quid hoc nomen lapis significet; ignorata vero significatione signorum per signa non potest aliquis aliquid addiscere; si ergo homo nihil aliud faciat ad doctrinam quam signa proponere, videtur quod homo ab homine doceri non possit.

4. Praeterea, docere nihil aliud est quam scientiam in alio aliquo modo causare; sed scientiae subiectum est intellectus, signa autem sensibilia quibus solummodo videtur homo posse docere non perveniunt usque ad partem intellectivam sed sistunt in potentia sensitiva; ergo homo ab homine doceri non potest.

3. De plus, si les signes de certaines choses sont présentés à quelqu'un par un homme, ou bien celui à qui ces signes sont proposés connaît les choses auxquelles ces signes se rapportent, ou bien il ne les connaît pas. S'il les connaît, il n'apprend rien à leur sujet ; et s'il ne les connaît pas, ne sachant rien des choses, il ne peut pas non plus connaître la signification des signes : celui, en effet, qui ne sait pas ce qu'est une pierre ne peut savoir ce que signifie le mot « pierre ». Mais si nous ignorons la signification des signes, nous ne pouvons apprendre quoi que ce soit par des signes. Si donc un homme, lorsqu'il enseigne, ne fait rien d'autre que proposer des signes, il semble qu'un homme ne puisse être enseigné par un autre homme [1].

4. De plus, enseigner n'est rien d'autre que causer en quelque manière la science en quelqu'un d'autre. Mais le sujet de la science est l'intellect, et les signes sensibles qui sont les seuls moyens, semble-t-il, grâce auxquels l'homme peut enseigner, ne parviennent pas jusqu'à la partie intellective de l'âme, mais n'atteignent que la puissance sensitive* [2]. Un homme ne peut donc être enseigné par un homme.

---

1. Cette objection s'inspire sans doute d'Augustin, *De magistro*, c. 10, 33-35 ; c. 11, 36. Citons c. 10, 33 : « Lorsqu'un signe m'est adressé, s'il me trouve ignorant de quelle chose il est le signe, il ne peut rien m'enseigner ; et s'il m'en trouve instruit, qu'est-ce que j'apprends par le signe... Ainsi, c'est le signe qui s'apprend à l'aide de la chose connue, plutôt que la chose à l'aide du signe émis » (trad. G. Madec, p. 129).

2. Cette objection s'inspire de la théorie augustinienne de la sensation, selon laquelle la connaissance sensible relève tout entière de l'âme dont l'attention se porte sur les modifications que les réalités

5. Praeterea, si scientia in uno causatur ab alio, aut scientia inerat addiscenti aut non inerat; si non inerat et in homine ab alio causatur, ergo unus homo in alio scientiam creat, quod est impossibile; si autem prius inerat, aut inerat in actu perfecto, et sic causari non potest quia quod est non fit, aut inerat secundum rationem seminalem : rationes autem seminales per nullam virtutem creatam in actum educi possunt sed a Deo solo naturae inseruntur, ut Augustinus dicit Super Genesim ad litteram; ergo relinquitur quod unus homo nullo modo alium docere possit.

6. Praeterea, scientia quoddam accidens est; accidens autem non transmutat subjectum; cum ergo doctrina nihil aliud esse videatur nisi transfusio scientiae de magistro in discipulum, ergo unus homo alium docere non potest.

7. Praeterea, Rom. X [17] super illud « Fides ex auditu », dicit glosa « licet Deus intus doceat, praeco tamen exterius annuntiat »; scientia autem interius in

5. De plus, si la science est causée en un homme par un autre, ou bien cette science était déjà en celui qui apprend, ou bien elle n'y était pas. Si elle n'y était pas, et qu'elle est ainsi causée en un homme par un autre, c'est donc qu'un homme crée la science en un autre, ce qui est impossible. Mais si elle y était auparavant, ou bien elle y était parfaitement actualisée, et dans ce cas elle ne peut y être causée parce que ce qui est ne devient pas, ou bien elle y était à l'état de raison séminale* ; mais les raisons séminales ne peuvent être actualisées par aucune puissance créée et elles n'ont été déposées dans la nature que par Dieu seul, comme le dit Augustin dans son traité sur *La Genèse au sens littéral*[1]. Il reste donc qu'un homme ne peut en aucune manière en enseigner un autre.

6. De plus, la science est un accident*. Or un accident ne passe pas d'un sujet à un autre[2]. Dès lors, puisque l'enseignement ne semble pas être autre chose qu'un transfert de la science du maître au disciple, un homme ne peut en enseigner un autre.

7. De plus, à propos de *Rm* 10, 17 : « La foi naît de la prédication », la *Glose* écrit : « Alors que Dieu enseigne de l'intérieur, le héraut fait ses proclamations à l'extérieur »[3]. Mais la science est causée intérieurement,

corporelles font subir à nos sens. *Cf.* Augustin, *De musica*, VI, c. 5, 8-9 ; *De Genesi ad litteram*, III, c. 5, 7 ; XII, c. 16, 33. Pour un exposé de cette position d'origine platonicienne, voir G. Finaert, F.J. Thonnard, *B.A.*, 7, note complémentaire 79, p. 518-520, et Ét. Gilson, *Introduction à l'étude de saint Augustin*, p. 73-87.

1. *Cf.* Augustin, *De Genesi ad litteram*, VI, c. 10 et 14 ; IX, c. 17. Voir aussi *De Trinitate*, III, c. 8-9 ; *Quaestiones in Exodum*, II, q. 21.

2. Même affirmation dans *C. Gent.*, III, c. 69, et dans *De spiritualibus creaturis*, a. 9, 7.

3. *Glossa marginalis super Rm 10, 17*, qui reproduit Pierre Lombard, *Collectanea in epist. Pauli, ad loc.*, *P.L.*, 191, col. 1479.

mente causatur, non autem exterius in sensu ; ergo homo
a solo Deo docetur, non ab alio homine.

8. Praeterea, Augustinus dicit in libro De magistro :
« Solus Deus cathedram habet in caelis qui veritatem
docet in terris, alius homo sic se habet ad cathedram sicut
agricola ad arborem » ; agricola autem non est factor
arboris sed cultor ; ergo nec homo potest dici doctor
scientiae sed ad scientiam dispositor.

9. Praeterea si homo est verus doctor, oportet quod
veritatem doceat ; sed quicumque docet veritatem
mentem illuminat cum veritas sit lumen mentis ; ergo
homo mentem illuminabit si docet ; sed hoc est falsum
cum Deus sit « qui omnem hominem venientem in hunc
mundum illuminet », Ioh. I⁹ ; ergo homo non potest
alium vere docere.

dans l'esprit, et non extérieurement, dans le sens. L'homme est donc enseigné par Dieu seul, et non par un autre homme.

8. De plus, Augustin dit dans son traité *Du maître* : « Dieu seul possède une chaire dans les cieux, Lui qui enseigne la vérité sur la terre, mais l'homme est à l'enseignement ce que l'agriculteur est à l'arbre »[1]. Or l'agriculteur n'est pas le créateur de l'arbre, mais il est celui qui le cultive. On ne peut donc dire que l'homme est celui qui enseigne la science, mais seulement celui qui prépare à l'acquérir.

9. De plus, si l'homme est un véritable maître, il faut qu'il enseigne la vérité. Mais quiconque enseigne la vérité illumine l'esprit, car la vérité est la lumière de l'esprit. Donc l'homme, s'il enseigne, illuminera l'esprit. Mais cette affirmation est fausse, car c'est Dieu « qui illumine tout homme venant en ce monde » (*Jn* 1, 9). L'homme ne peut donc en enseigner véritablement un autre.

---

1. *Cf.* Augustin, *De magistro*, c. 14, 46, ou mieux, *In epist. Johann. ad Parthos*, tr. 3, 13 : « Celui qui enseigne les cœurs possède une chaire dans le ciel… Ainsi ces paroles que nous vous adressons du dehors, mes frères, sont ce qu'est l'agriculteur pour l'arbre : il s'en occupe du dehors, il lui procure de l'eau et tous les soins d'une culture attentive ; mais, quoi qu'il fasse du dehors, est-ce lui qui forme les fruits ? ». Augustin emploie à plusieurs reprises cette expression « chaire qui est dans le ciel », dont l'origine doit être probablement cherchée, soit dans une ancienne version de *Mt* 23, 8, qui ajoute les mots « *qui in coelis est* » au texte de la Vulgate (*cf.* P. Sabatier, *Bibliorum sacrorum latinae versiones antiquae*, t. III, p. 138), soit dans une contamination de ce même verset 8 par le verset 9 où l'on peut lire : « *Unus est enim Pater vester, qui in coelis est* ». *Cf.* Augustin, *Sermo 261*, c. 2, 2 et *Sermo 23.70*, 1 ; *De disciplina christiana*, c. 9, 9 et c. 14, 15.

10. Praeterea, si unus homo alium docet, oportet quod eum faciat de potentia scientem actu scientem, ergo oportet quod eius scientia educatur de potentia in actum; quod autem de potentia in actum educitur necesse est quod mutetur; ergo scientia vel sapientia mutabitur, quod est contra Augustinum in libro LXXXIII Quaestionum qui dicit quod « sapientia accedens homini non ipsa mutatur sed hominem mutat ».

11. Praeterea, scientia nihil aliud esse videtur quam descriptio rerum in anima cum scientia esse dicatur assimilatio scientis ad scitum; sed unus homo non potest

10. De plus, si un homme en enseigne un autre, il faut que, de savant en puissance*, il le fasse devenir savant en acte*. Il faut donc que le savoir de l'enseigné passe de la puissance à l'acte. Or ce qui passe de la puissance à l'acte doit nécessairement changer, et ainsi la science ou la sagesse sera changée, ce qui est contraire à l'opinion d'Augustin lequel, dans son *Livre des quatre-vingt-trois questions*, dit que « lorsque la sagesse vient en l'homme, elle-même n'est pas changée, mais c'est elle qui change l'homme » [1].

11. De plus, il semble que la science ne soit rien d'autre qu'une représentation des choses dans l'âme, puisqu'on dit que la science est une assimilation du sujet connaissant à l'objet connu [2]. Mais un homme

---

1. *Cf.* Augustin, *De diversis quaestionibus 83*, q. 73. La pensée d'Augustin sur la vérité immuable est développée dans *De libero arbitrio*, II, c. 12, 34 : « Si cette vérité était l'égale de nos esprits, elle serait aussi elle-même muable. Nos esprits en effet la voient tantôt mieux, tantôt moins, et partant ils avouent qu'ils sont muables ; tandis que la vérité, elle, demeurant en elle-même, ne s'accroît pas quand nous la voyons mieux, ni ne diminue quand nous la voyons moins ; mais, entière et incorruptible, elle réjouit de sa lumière ceux qui sont tournés vers elle et elle frappe de cécité ceux qui se sont détournés d'elle » (trad. G. Madec, p. 339).

2. *Cf. De veritate*, q. 1, a. 1, c. : « Toute connaissance est réalisée par l'assimilation du sujet connaissant à l'objet connu ». Dans *Super Sent.*, I, d. 34, q. 3, a. 1, obj. 4, et d. 35, q. 1, a. 1, obj. 4, saint Thomas attribue cette proposition aux « Philosophes ». Il cite expressément Algazel et Aristote à ce propos dans une première rédaction de *Super Boet. de Trin.*, q. 5, a. 3 (*cf.* éd. B. Decker, p. 231), où il écrit : « L'opération de l'intellect est accomplie lorsque l'intellect est conformé à la chose intelligible. C'est pourquoi Algazel dit que la science est l'assimilation du sujet connaissant à la chose connue, et le Philosophe au livre XI de la *Métaphysique* dit que l'intellect comprend quand il prend possession de l'intelligible ». *Cf.* Algazel, *Metaph.*, I, tr. 3, sent. 2 ; Aristote, *Metaph.*, XII, 7 (1072 b 20).

in alterius anima describere rerum similitudines : sic enim interius operaretur in ipso quod solius Dei est ; ergo unus homo alium docere non potest.

12. Praeterea, Boetius dicit in libro De consolatione quod per doctrinam solummodo mens hominis excitatur ad sciendum ; sed ille qui excitat intellectum ad sciendum non facit eum scire, sicut ille qui excitat aliquem ad videndum corporaliter non facit eum videre ; ergo unus homo non facit alium scire, et ita non proprie potest dici quod eum doceat.

13. Praeterea, ad scientiam requiritur cognitionis certitudo, alias non est scientia sed opinio vel credulitas, ut Augustinus dicit in libro De magistro ; sed unus

ne peut imprimer les ressemblances des choses dans l'âme d'un autre homme ; s'il en était ainsi, en effet, il accomplirait intérieurement en cet homme une opération qui n'appartient qu'à Dieu [1]. Un homme ne peut donc en enseigner un autre.

12. De plus, dans son livre *De la consolation*, Boèce dit que, par l'enseignement, l'esprit de l'homme est seulement incité à connaître [2]. Mais celui qui incite l'intelligence à connaître ne la fait pas connaître pour autant, pas plus que celui qui incite quelqu'un à voir avec les yeux du corps ne le fait voir pour autant. Un homme n'est donc pas la cause du savoir d'un autre homme, et ainsi ne peut-on dire à proprement parler qu'il l'enseigne.

13. De plus, pour qu'il y ait science, il faut qu'il y ait connaissance certaine, autrement il n'y a pas science, mais opinion ou croyance, comme le dit Augustin dans son livre *Du maître* [3]. Mais un homme ne peut

1. *Cf.* Pseudo-Augustin, *De ecclesiasticis dogmatibus*, c. 83 : « Pénétrer dans l'esprit n'est possible qu'à Celui-là seul qui l'a créé ». Voir aussi saint Thomas, *De veritate*, q. 8, a. 7, obj. 4 ; q. 28, a. 2, obj. 8 ; *ST* III, q. 8, a. 8, ad 1.

2. Boèce, *De consol. phil.*, V, metr. 4 ; *ibid.*, prose 5. Boèce s'inspire ici d'un thème souvent développé par Augustin, notamment dans *De magistro*, c. 14, 46 : « Les mots ne font qu'avertir l'homme pour apprendre ». Voir sur ce point G. Madec, *B.A.*, 6, note complémentaire 5 : « *Foris admonet, intus docet* », p. 540-543.

3. *Cf.* Augustin, *De magistro*, c. 12, 37-40, où l'on ne retrouve pourtant pas les formules que cite ici saint Thomas. Celui-ci doit se souvenir plutôt d'Aristote, *Anal. post.*, I, 2 (71 b 10) et surtout 33 (88 b 30) : « La science et son objet diffèrent de l'opinion et de son objet, en ce que la science est universelle et procède par des propositions nécessaires, et que le nécessaire ne peut pas être autrement qu'il n'est » (trad. J. Tricot, p. 154-155). Saint Thomas a repris souvent ce thème de la certitude de la connaissance dans la science, opposée à l'incertitude de l'opinion et de la croyance ; voir par exemple *ST* II-II, q. 1, a. 4, c,

homo non potest in altero certitudinem facere per signa sensibilia quae proponit : quod enim est in sensu magis est obliquum eo quod est in intellectu, certitudo autem semper fit per aliquid magis rectum ; ergo unus homo alium docere non potest.

14. Praeterea, ad scientiam non requiritur nisi lumen intelligibile et species ; sed neutrum potest in uno homine ab alio causari, quia oporteret quod homo aliquid crearet cum huiusmodi formae simplices non videantur posse produci nisi per creationem ; ergo homo non potest in alio scientiam causare, et sic nec docere.

15. Praeterea, nihil potest formare mentem hominis nisi solus Deus, ut Augustinus dicit ; scientia autem quaedam forma mentis est ; ergo solus Deus scientiam in anima causat.

produire une certitude chez un autre par le moyen des signes sensibles qu'il lui présente : ce qui est en effet dans le sens est saisi d'une manière plus oblique que ce qui est dans l'intellect ; mais la certitude est toujours produite par quelque chose qui est connu d'une manière plus directe. Un homme ne peut donc en enseigner un autre.

14. De plus, pour la science, seules la lumière intelligible et l'espèce* sont requises. Mais ni l'une ni l'autre ne peut être produite dans un homme par un autre homme ; il faudrait en effet pour cela qu'un homme créât quelque chose puisque, à ce qu'il semble, de telles formes* simples ne peuvent être produites que par création. Un homme ne peut donc être la cause de la science d'un autre homme, ni donc l'enseigner.

15. De plus, rien ne peut donner une forme* à l'esprit de l'homme sinon Dieu seul, comme le dit Augustin¹. Mais la science est une forme de l'esprit. Donc Dieu seul peut être la cause du savoir dans l'âme.

---

et, mieux encore, q. 1, a. 5, ad 4 : « Il est essentiel à la science que l'on considère ce qui est su comme ne pouvant pas être autrement ; mais il est de la nature de l'opinion que l'on estime la chose conjecturée comme pouvant être autrement ». Cf. également *ibid.*, q. 2, a. 1, c. ; *De veritate*, q. 14, a. 1, c. et q. 2, a. 1, ad 4.

1. Saint Thomas se souvient sans doute ici d'un texte qu'il devait citer dans *ST* I, q. 106, a. 1, obj. 3, et dans lequel Augustin affirme (*De diversis quaestionibus 83*, q. 61, 4) que « l'esprit est formé sans l'intermédiaire d'aucune substance par la Vérité elle-même ». Voir aussi Augustin, *De libero arbitrio*, II, c. 17, 45 : « Tout être muable est aussi nécessairement formable... Or rien ne peut se former soi-même, parce que rien ne peut donner ce qu'il n'a pas... La conclusion s'impose donc : le corps et l'esprit sont formés par une cause immuable et qui demeure toujours... De cette forme il est dit encore que "demeurant en elle-même, elle renouvelle toutes choses" (*Sg* 7, 27) » (trad. G. Madec, p. 359-361).

16. Praeterea, sicut culpa est in mente ita et ignorantia ; sed solus Deus purgat mentem a culpa : Is. XLIII [25] « Ego sum qui deleo iniquitates tuas propter me » ; ergo solus Deus purgat mentem ab ignorantia, et ita solus docet.

17. Praeterea, cum scientia sit certitudinalis cognitio, ab illo aliquis scientiam accipit per cuius locutionem certificatur ; non autem certificatur aliquis ex hoc quod audit hominem loquentem, alias oporteret quod quicquid alicui ab homine dicitur pro certo ei constaret, certificatur autem solum secundum quod interius audit veritatem loquentem, quam consulit etiam de his quae ab homine audit ut certus fiat ; ergo homo non docet sed veritas quae interius loquitur, quae est Deus.

18. Praeterea, nullus per locutionem alterius addiscit illa quae ante locutionem etiam interrogatus respondisset ; sed discipulus antequam ei magister loquatur responderet interrogatus de his quae magister proponit : non enim doceretur ex locutione magistri nisi ita se habere

16. De plus, la faute est dans l'esprit, et il en est de même pour l'ignorance. Mais Dieu seul purifie l'esprit de sa faute, comme il est écrit dans *Is* 43, 25 : « C'est moi qui efface tes iniquités pour l'amour de moi ». C'est donc Dieu seul qui débarrasse l'esprit de son ignorance, et ainsi Lui seul enseigne.

17. De plus, puisque la science est une connaissance certaine[1], chacun reçoit la science de celui dont le discours engendre en lui la certitude. On n'acquiert pas la certitude, cependant, du seul fait qu'on entend un homme parler, sinon il faudrait que chacun tienne pour certain tout ce qui lui est dit par un autre homme ; mais on ne parvient à la certitude que dans la mesure où l'on entend parler la vérité au-dedans de soi-même[2], et c'est de cette vérité que l'on prend également conseil pour savoir si l'on peut être certain de ce que l'on entend dire par un homme. Ce n'est donc pas l'homme qui enseigne, mais la vérité qui parle au-dedans de lui, et celle-ci est Dieu.

18. De plus, nul n'apprend par la parole d'un autre ce qu'il aurait pu répondre, avant même d'avoir entendu cette parole, si on l'avait interrogé. Mais le disciple, avant même que le maître ne parle, pourrait répondre, s'il était interrogé, sur les questions dont traite le maître ; il ne pourrait être en effet instruit par la parole du maître s'il

1. Cf. *supra*, obj. 13 et p. 117, note 3.
2. *Cf.* Augustin, *De magistro*, c. 11, 38 : « Au sujet de toutes les réalités dont nous avons l'intelligence, ce n'est pas une parole qui résonne au dehors, c'est la Vérité qui préside intérieurement à l'esprit lui-même que nous consultons, avertis peut-être par les mots pour la consulter » (trad. G. Madec, p. 137).

cognosceret sicut magister proponit; ergo unus homo non docetur per locutionem alterius hominis.

Sed contra est quod dicitur II Tim. I [11] « In quo positus sum ego praedicator et magister gentium » ; ergo homo potest et esse et dici magister.

2. Praeterea, II Tim. III [14] « Tu vero permane in his quae didicisti et credita sunt tibi », glosa « a me, tamquam a vero doctore », et sic idem quod prius.

3. Praeterea, Matth. XXIII [8] simul dicitur « Unus est magister vester » et « Unus est pater vester » ; sed hoc quod Deus est pater omnium non excludit quin etiam

ne savait que les choses sont bien telles que les expose le maître[1]. Un homme n'est donc pas instruit par la parole d'un autre homme.

CEPENDANT :

1. Il est dit dans *2 Tm* 1, 11 : « De cet (Évangile), j'ai été établi prédicateur et maître pour les Gentils ». Un homme peut donc être maître et être appelé maître.

2. De plus, on lit dans *2 Tm* 3, 14 : « Pour toi, demeure ferme dans ce que tu as appris et qui t'a été confié ; et la *Glose* ajoute : « par moi, comme par un véritable maître »[2]. Et ainsi aboutit-on à la même conclusion que précédemment.

3. De plus, il est dit simultanément dans *Mt* 23, 8-9 : « Vous n'avez qu'un Maître » et « Vous n'avez qu'un Père ». Mais le fait que Dieu soit le Père de tous

---

1. Allusion à la maïeutique socratique et surtout au rôle de l'interrogation dans l'enseignement. De ce rôle, Augustin avait longuement traité dans *De magistro*, c. 12-14, 38-46, où il écrit notamment en parlant du disciple qu'il instruit : « Lui non plus… je ne l'enseigne pas quand je lui dis la vérité ; il la contemple ; car il est instruit, non par mes paroles, mais par les choses elles-mêmes qui se révèlent, parce que Dieu les dévoile intérieurement. Il pourrait donc aussi répondre s'il était interrogé à leur sujet ; or est-il rien de plus absurde que de croire qu'il est instruit par mon langage, celui qui pourrait expliquer les mêmes choses, avant que j'en parle, s'il était interrogé ? » (trad. G. Madec, p. 141). Contrairement à ce qu'on a dit parfois, il ne semble pas qu'Augustin songe dans ces textes à la théorie platonicienne de la réminiscence pour laquelle il avait eu, semble-t-il, quelque sympathie dans ses premiers écrits, mais qu'il critique dans *De Trinitate*, XII, c. 15, 24, et dans *Retractationes*, I, c. 8, 2. Voir sur ce point G. Madec, *B.A.*, 6, introd., p. 26-27 et note complémentaire 3, p. 536-538.
2. Cf. *Glossa interlinearis super 2 Tm 3, 14*, reproduisant Pierre Lombard, *Collectanea in epist. Pauli, ad loc.*, *P.L.*, 192, col. 378.

homo vere possit dici pater; ergo etiam per hoc non excluditur quin homo vere possit dici magister.

4. Praeterea, Rom. X [15] super illud « Quam speciosi supra montes » etc. dicit glosa « isti sunt pedes qui illuminant Ecclesiam »; loquitur autem de apostolis; cum ergo illuminare sit actus doctoris videtur quod hominibus docere competat.

5. Praeterea, ut dicitur in IV Meteororum, unumquodque tunc est perfectum quando potest simile sibi generare; sed scientia est quaedam cognitio perfecta; ergo homo qui habet scientiam potest alium docere.

6. Praeterea, Augustinus in libro Contra Manichaeos dicit quod sicut terra quae ante peccatum fonte irrigabatur, post peccatum vero indiguit pluvia de nubibus descendente, ita mens humana, quae per terram significatur, fonte veritatis ante peccatum fecundabatur, post

n'empêche pas que l'homme puisse être appelé, lui aussi, véritablement père; ainsi n'est-il donc pas davantage exclu que l'homme puisse être appelé maître.

4. De plus, à propos de ce verset de *Rm* 10, 15 : « Qu'ils sont beaux sur les montagnes les pieds de ceux qui annoncent la paix »[1], la *Glose* commente : « Ce sont là les pieds de ceux qui illuminent l'Église »[2]. Mais elle parle ici des Apôtres, et puisque illuminer est l'acte du maître, il semble donc qu'il appartient aux hommes d'enseigner.

5. De plus, comme il est dit au livre IV des *Météorologiques*[3], une chose est parfaite lorsqu'elle est capable d'en engendrer une autre qui lui soit semblable. Mais la science est une connaissance parfaite. L'homme qui possède la science peut donc en enseigner un autre.

6. De plus, dans son livre *Contre les Manichéens*[4], Augustin dit que, comme la terre qui était arrosée avant le péché par une source eut besoin après le péché de la pluie tombée des nuages, ainsi l'esprit humain, symbolisé par la terre et fécondé avant le péché par la source de la vérité, a besoin après le péché d'un

---

1. Cette citation mêle *Rm* 10, 15 : « Qu'ils sont beaux les pieds des messagers de la bonne nouvelle », avec *Is* 52, 7 : « Qu'ils sont beaux, sur les montagnes, les pieds du messager qui annonce la paix ».

2. Cf. *Glossa interlinearis super Rm 10, 15*, reproduisant Pierre Lombard, *Collectanea in epist. Pauli, ad loc.*, *P.L.*, 191, col. 1477-1478.

3. *Cf.* Aristote, *Meteor.*, IV, 3 (380 a 12) : « La maturation est parfaite au moment où les semences contenues dans le fruit sont aptes à reproduire un autre fruit semblable à lui : car, dans tous les autres cas aussi, c'est bien ainsi que nous entendons le parfait » (trad. J. Tricot, p. 237). Voir aussi *Metaph.*, IX, 8 (1049 b 24) et *De anima*, II, 4 (416 b 23).

4. *Cf.* Augustin, *De Genesi contra Manichaeos*, II, c. 4-5.

peccatum vero indiget doctrina aliorum quasi pluvia descendente de nubibus; ergo saltem post peccatum homo ab homine docetur.

RESPONSIO. Dicendum quod in tribus eadem opinionum diversitas invenitur, scilicet in eductione formarum in esse, in acquisitione virtutum et in acquisitione scientiarum. Quidam enim dixerunt formas omnes sensibiles esse ab agente extrinseco, quod est substantia vel forma separata, quam appellant datorem formarum vel intelligentiam agentem, et quod omnia inferiora agentia naturalia non sunt nisi sicut praeparantia materiam ad formae susceptionem; similiter etiam Avicenna dicit in sua Metaphysica quod « habitus honesti causa non est actio nostra, sed actio prohibet eius contrarium et adaptat ad illum, ut accidat hic habitus a substantia perficiente animas hominum quae est intelligentia agens vel substantia ei consimilis »;

enseignement qui lui soit dispensé par d'autres comme d'une pluie tombée des nuages. C'est donc que l'homme, au moins après le péché, est enseigné par l'homme.

RÉPONSE :

Il faut dire que l'on trouve la même diversité d'opinions à propos des trois questions suivantes, à savoir : à propos de la manière dont les formes* parviennent à l'existence, à propos de l'acquisition des vertus et à propos de l'acquisition de la science.

Certains ont dit, en effet, que toutes les formes* sensibles tenaient leur être d'un agent extérieur, c'est-à-dire d'une substance ou d'une forme séparée appelée donatrice des formes ou intelligence agente*, et que tous les agents naturels inférieurs n'avaient d'autre rôle que de préparer la matière à recevoir la forme[1]. D'une manière semblable, Avicenne dit dans sa *Métaphysique* que « notre action n'est pas la cause de l'habitus* du bien, mais que l'action écarte ce qui est contraire à cet habitus et prépare à le recevoir, de telle sorte que cet habitus puisse venir de la substance* qui donne leur perfection aux âmes des hommes, c'est-à-dire de l'intelligence agente ou d'une substance qui lui est semblable »[2].

---

1. Sur cette opinion, voir *ST* I, q. 110, a. 2, c. : « Les Platoniciens ont établi que les formes qui sont dans la matière ont pour causes des formes immatérielles... Et Avicenne a suivi, pour une part, ces philosophes : il a déclaré que toutes les formes qui sont dans la matière procèdent de ce qui est conçu par l'Intelligence, et que les agents corporels agissent en disposant à recevoir les formes. En pensant cela, ils se sont abusés, car ils ont considéré la forme comme quelque chose qui existe par soi, comme si elle procédait de quelque principe formel ». *Cf.* aussi *Super Sent.*, III, d. 33, q. 1, a. 2, sol. 2 ; *De virt. in comm.*, q. un., a. 8, c. ; *C. Gent.*, III, c. 69.

2. *Cf.* Avicenne, *Metaph.*, IX, c. 2 (éd. Venise 1520, f. 103 ra D).

similiter etiam ponunt quod scientia in nobis non efficitur nisi ab agente separato, unde Avicenna ponit in VI De naturalibus quod formae intelligibiles effluunt in mentem nostram ab intelligentia agente.

Quidam vero e contrario opinati sunt, scilicet quod omnia ista rebus essent indita, nec ab exteriori causam haberent sed solummodo quod per exteriorem actionem manifestantur : posuerunt enim quidam quod omnes formae naturales erant actu in materia latentes et quod agens naturale nihil aliud facit quam extrahere eas de occulto in manifestum ; similiter etiam aliqui posuerunt

Les mêmes auteurs affirment également que la science ne peut être produite en nous que par un agent séparé, et c'est la raison pour laquelle Avicenne, au livre VI de son traité *Des réalités de la nature*, déclare que les formes intelligibles s'écoulent de l'intelligence agente jusqu'en notre esprit[1].

Certains, en revanche, ont été d'une opinion contraire. Ils ont pensé que toutes ces formes* étaient insérées dans les choses et ne dépendaient pas d'une cause extérieure, et que l'action extérieure n'avait d'autre rôle que de rendre ces formes manifestes : quelques-uns[2] ont en effet affirmé que toutes les formes naturelles étaient en acte*, d'une manière cachée, dans la matière, et que l'agent naturel ne faisait rien d'autre que les tirer de cet état latent pour les rendre manifestes. D'autres[3] ont pensé

1. *Cf.* Avicenne, *De anima*, V, c. 5-6. Selon Avicenne, l'intellect humain n'a en aucune manière le pouvoir d'abstraire l'intelligible du sensible. La connaissance intellectuelle résulte de l'action de l'Intelligence agente unique qui projette les formes intelligibles sur celles des âmes humaines qui ont acquis l'aptitude à se tourner vers elle. Sur cette doctrine, voir H. Corbin, « La philosophie islamique des origines à la mort d'Averroès », dans *Histoire de la philosophie*, Paris, Gallimard, 1969, p. 1148-1151.

2. Il s'agit de l'opinion d'Anaxagore, rapportée par Aristote (*Phys.*, I, 4, 187 a 26), et exposée par saint Thomas dans *De virt. in comm.*, q. un., a. 8, c. : « Certains, en effet, ont établi que les formes préexistent en acte dans la matière, d'une manière latente, et qu'elles sont amenées, par l'agent naturel, de l'état caché à l'état manifeste. Cette opinion fut celle d'Anaxagore, qui déclara que tout est dans tout, pour que tout puisse être engendré à partir de tout ». Sur la place faite à cette opinion attribuée à Anaxagore par Bonaventure, et sur la critique de saint Thomas, voir Ét. Gilson, *La philosophie de saint Bonaventure, op. cit.*, p. 236-237, et *Le thomisme*, Paris, Vrin, 1986, p. 238-239.

3. Cette opinion fut celle de Jean Damascène, *De fide orthodoxa*, III, 14 : « Les vertus sont en effet naturelles et même existent au-dedans de nous naturellement et d'une manière égale en tous, même si nous n'accomplissons pas tous également ce qui est conforme à notre

quod omnes virtutum habitus nobis sunt inditi a natura, sed per exercitium operum removentur impedimenta quibus praedicti habitus quasi occultabantur, sicut per limationem aufertur rubigo ut claritas ferri manifestetur; similiter etiam aliqui dixerunt quod animae est omnium scientia concreata et per huiusmodi doctrinam et huiusmodi scientiae exteriora adminicula nihil fit aliud nisi quod anima deducitur in recordationem vel considerationem eorum quae prius scivit, unde dicunt quod addiscere nihil est aliud quam reminisci.

Utraque autem istarum opinionum est absque ratione : prima enim opinio excludit causas propinquas dum effectus omnes in inferioribus provenientes solis causis primis attribuit, in quo derogatur ordini universi qui ordine et connexione causarum contexitur dum prima causa ex eminentia bonitatis suae rebus aliis confert non solum quod sint sed et quod causae sint; secunda etiam opinio

d'une manière semblable que tous les habitus* des vertus étaient implantés en nous par la nature et que la pratique des œuvres supprimait les obstacles qui occultent en quelque sorte ces habitus, comme l'action de polir enlève la rouille et fait apparaître l'éclat du fer. De même, certains[1] ont dit que la science de toutes choses était créée en même temps que l'âme, et que l'enseignement et les moyens extérieurs qui nous permettent de parvenir à la science ne font rien d'autre qu'amener l'âme à se souvenir de ce qu'elle savait auparavant ou à le considérer à nouveau ; ils disent donc qu'apprendre n'est pas autre chose que se souvenir.

Ces deux opinions sont cependant dépourvues l'une et l'autre de raison. La première exclut en effet les causes prochaines, puisqu'elle attribue aux seules causes premières tout ce qui se produit dans le monde inférieur ; en cela elle porte atteinte à l'ordre de l'univers qui est constitué par l'enchaînement ordonné des causes, selon lequel la cause première, en raison de son éminente bonté, donne aux autres choses, non seulement d'être, mais aussi d'être causes[2]. La seconde opinion présente à peu

nature ». Ce texte est déjà cité par saint Thomas dans *Super Sent.*, III, d. 33, q. 1, a. 2, qa 1, obj. 1.

1. On reconnaît ici la théorie de la réminiscence dont il a été question plus haut (*cf.* p. 123, note 1) et que saint Thomas, à la suite d'Augustin (*De Trinitate*, XII, c. 15, 24), attribue à Platon et aux « Platoniciens » : cf. *Super Sent.*, III, d. 33, q. 1, a. 2, ad 1 ; *De veritate*, q. 18, a. 7, c.

2. Sur l'importance de la causalité propre aux êtres créés, mise en relief par saint Thomas contre les théories de Platon, d'Averroès et d'Avicenne selon lesquels les formes séparées (Platon), Dieu (Averroès) ou l'Intellect agent (Avicenne) seraient seuls producteurs de formes, cf. *C. Gent.*, III, c. 70. Pour saint Thomas, ce serait nier la sagesse divine, la perfection, la grandeur et la bonté de Dieu que de refuser aux créatures une activité propre.

in idem quasi inconveniens redit : cum enim removens prohibens non sit nisi movens per accidens, ut dicitur in VIII Physicorum, si inferiora agentia nihil aliud faciunt quam producere de occulto in manifestum removendo impedimenta quibus formae et habitus virtutum et scientiarum occultabantur, sequetur quod omnia inferiora agentia non agant nisi per accidens.

Et ideo secundum doctrinam Aristotilis via media inter has duas tenenda est in omnibus praedictis : formae enim naturales praeexistunt quidem in materia, non in actu, ut alii dicebant, sed in potentia solum de qua in actum reducuntur per agens extrinsecum proximum, non solum per agens primum, ut alia opinio ponebat ; similiter etiam secundum ipsius sententiam in VI Ethicorum

de chose près le même inconvénient : en effet, puisque ce qui écarte ou supprime les obstacles ne meut que par accident, comme il est dit au livre VIII de la *Physique*[1], si les agents inférieurs ne faisaient rien d'autre que de rendre manifeste ce qui est caché en écartant les obstacles qui occultent les formes* et les habitus* des vertus et des sciences, il s'ensuivrait que tous les agents inférieurs n'agiraient que par accident*.

C'est pourquoi, conformément à l'enseignement d'Aristote[2], c'est une voie intermédiaire entre ces deux opinions qu'il faut emprunter sur tous les points dont il vient d'être question. En effet, les formes* naturelles préexistent sans doute dans la matière*, non pas en acte* comme le disaient les partisans de la seconde opinion, mais seulement en puissance*, et c'est de là qu'elles passent à l'acte sous l'action d'un agent extrinsèque prochain, et pas seulement sous l'action de la cause première, comme l'affirmaient les partisans de la première opinion.

De la même manière, toujours selon l'opinion d'Aristote au livre VI de l'*Éthique*[3], avant de parvenir à

1. *Cf.* Aristote, *Phys.*, VIII, 4 (254 b 7 et 255 b 24) : « Parmi les choses mouvantes et les choses mues, les unes le sont par accident, les autres en soi… Et ce qui a mû l'obstacle qui fait empêchement (au mouvement) en un sens est cause motrice, en un autre non : si, par exemple, on retire par en dessous la colonne de soutien, ou si l'on enlève la pierre de sur une outre plongée dans l'eau, on ne meut en effet que par accident, de même que la balle renvoyée n'est pas mue par le mur, mais par celui qui l'a lancée » (trad. H. Carteron, t. 2, p. 111 et 114).

2. *Cf.* Aristote, *Phys.*, I, 8 (191 b 27); III, 1 (201 a 9 et b 5); *Metaph.*, XII, 5 (1071 a 5).

3. *Cf.* Aristote, *Eth. Nic.*, VI, 13 (1144 b 4), ou mieux, II, 1 (1103 a 24) : « Ainsi donc, ce n'est ni par nature, ni contrairement à la nature que naissent en nous les vertus, mais la nature nous a donné la capacité de les recevoir, et cette capacité est amenée à maturité par l'habitude » (trad. J. Tricot, p. 88).

virtutum   habitus   ante   earum   consummationem
praeexistunt in nobis in quibusdam naturalibus inclinatio-
nibus quae sunt quaedam virtutum inchoationes, sed
postea per exercitium operum adducuntur in debitam
consummationem; similiter etiam dicendum est de
scientiae acquisitione quod praeexistunt in nobis quaedam
scientiarum semina, scilicet primae conceptiones intellectus quae statim lumine intellectus agentis cognoscuntur
per species a sensibilibus abstractas, sive sint complexa
sicut dignitates, sive incomplexa sicut ratio entis et
unius et huiusmodi quae statim intellectus apprehendit;
in istis autem principiis universalibus omnia sequentia
includuntur sicut in quibusdam rationibus seminalibus :
quando ergo ex istis universalibus cognitionibus mens

leur plein achèvement les habitus* des vertus préexistent en nous sous la forme d'inclinations naturelles qui sont comme des ébauches des vertus, mais ils sont ensuite conduits à la perfection à laquelle ils sont destinés, par la pratique des œuvres.

On doit enfin parler de la même manière de l'acquisition de la science. Des germes de sciences préexistent en nous, à savoir ces premières conceptions de l'intellect qui nous sont immédiatement connues, grâce à la lumière de l'intellect agent*, par le moyen des espèces* abstraites des objets sensibles[1], soit qu'il s'agisse de principes complexes tels que les axiomes[2], soit qu'il s'agisse de notions simples telles que la notion d'être, la notion d'un, ou d'autres notions semblables que l'intellect saisit instantanément[3]. Dans ces principes universels, comme en des raisons séminales*, sont incluses toutes les conséquences. Quand donc l'esprit est conduit, à partir de ces notions universelles, à connaître

1. *Cf. De veritate*, q. 10, a. 12, *sed contra* 3, qui cite Aristote, *Anal. post.*, I, 3 (72 b 19) où il est dit : « Notre doctrine, à nous, est que toute science n'est pas démonstrative, mais que celle des propositions immédiates est, au contraire, indépendante de la démonstration... » (trad. J. Tricot, p. 16-17). Pour saint Thomas, comme pour Aristote, la connaissance scientifique repose en fin de compte sur des principes indémontrables, saisis d'une manière immédiate par l'esprit à partir de l'expérience sensible.

2. « Axiomes » traduit ici le mot latin *dignitates* auquel saint Thomas recourt ailleurs (*cf.* par exemple *ST* I-II, q. 94, a. 2, c.) pour désigner les propositions évidentes dont la vérité est reconnue par tous, telles que : « Le tout est plus grand que la partie », ou « Deux quantités égales à une même troisième sont égales entre elles ».

3. Cf. *De veritate*, q. 1, a. 1, c. : « Ce que l'intellect conçoit en premier comme lui étant le plus connu et ce à quoi il réduit tout ce qu'il conçoit, c'est l'être, comme le dit Avicenne au début de sa *Métaphysique* ». Voir Avicenne, *Metaph.*, I, c. 6 (éd. Venise f. 72 rb A).

educitur ut actu cognoscat particularia quae prius in universali et quasi in potentia cognoscebantur, tunc aliquis dicitur scientiam acquirere.

Sciendum tamen est quod in rebus naturalibus aliquid praeexistit in potentia dupliciter : uno modo in potentia activa completa, quando scilicet principium intrinsecum sufficienter potest perducere in actum perfectum, sicut patet in sanatione : ex virtute enim naturali quae est in aegro aeger ad sanitatem perducitur; alio modo in potentia passiva, quando scilicet principium intrinsecum non sufficit ad educendum in actum, sicut patet quando ex aere fit ignis : hoc enim non poterat fieri per aliquam virtutem in aere existentem. Quando igitur praeexistit aliquid in potentia activa completa, tunc agens extrinsecum non agit nisi adiuvando agens intrinsecum et ministrando ei ea quibus possit in actum exire; sicut medicus in sanatione est minister naturae quae principaliter operatur, confortando naturam et apponendo medicinas quibus velut instrumentis natura utitur ad sanationem. Quando vero aliquid praeexistit in potentia passiva tantum, tunc agens extrinsecum est quod educit principaliter de potentia in actum; sicut ignis facit de aere, qui est potentia ignis, actu ignem.

en acte* des choses particulières qui n'étaient connues auparavant que dans l'universel et comme en puissance*, alors on dit que quelqu'un acquiert la science.

Il faut cependant savoir que, dans la nature, quelque chose préexiste en puissance* de deux manières. Une chose peut être tout d'abord en puissance active complète, à savoir lorsqu'un principe intrinsèque suffit à la conduire à la perfection de son acte* : ainsi en est-il par exemple de la guérison, où le malade revient à la santé par la force naturelle qui est en lui. Mais elle peut être en second lieu en puissance passive, à savoir lorsque le principe intrinsèque ne suffit pas à la faire passer à l'acte, comme il arrive lorsque l'air devient feu, car cela ne peut se faire grâce à une force qui existerait dans l'air. Quand donc quelque chose préexiste en puissance active complète, l'agent extrinsèque n'agit alors qu'en aidant l'agent intrinsèque et en lui fournissant ce qui lui permettra de passer à l'acte ; ainsi le médecin, dans la guérison, se fait le serviteur de la nature qui est l'agent principal, en confortant la nature et en lui apportant des remèdes qui serviront en quelque sorte d'instruments à la nature pour parvenir à la guérison. Mais, lorsque quelque chose préexiste seulement comme puissance passive, c'est alors l'agent extrinsèque qui est l'agent principal du passage de la puissance à l'acte, comme il en est du feu lequel, à partir de l'air qui est feu en puissance, fait du feu en acte[1].

---

1. Sur la distinction entre puissance passive et puissance active, voir Aristote, *Metaph.*, IX, 1 (1046 a 11-27) : « Une première sorte de puissance dérivée, c'est la puissance passive, c'est-à-dire, dans l'être passif, le principe du changement qu'il est susceptible de subir par l'action d'un autre être, ou de lui-même en tant qu'autre... La puissance active et la puissance passive ne sont en un sens, qu'une

Scientia ergo praeexistit in addiscente in potentia non pure passiva sed activa, alias homo non posset per se ipsum acquirere scientiam. Sicut ergo aliquis dupliciter sanatur, uno modo per operationem naturae tantum, alio modo a natura cum adminiculo medicinae, ita etiam est duplex modus acquirendi scientiam : unus quando naturalis ratio per se ipsam devenit in cognitionem ignotorum, et hic modus dicitur inventio; alius quando naturali rationi aliquis exterius adminiculatur, et hic modus dicitur disciplina.

In his autem quae fiunt a natura et arte eodem modo ars operatur et per eadem media quibus et natura : sicut enim natura in eo qui ex frigida causa laborat calefaciendo induceret sanitatem, ita et medicus; unde et ars dicitur imitari naturam; et similiter etiam contingit in scientiae acquisitione quod eodem modo docens alium

La science préexiste donc en celui qui apprend, non pas comme puissance* purement passive, mais comme puissance active, sans cela l'homme ne pourrait pas acquérir la science par lui-même. De même donc que quelqu'un peut être guéri de deux manières, soit par l'opération de la nature seule, soit par la nature aidée de la médecine, ainsi y a-t-il également deux manières d'acquérir la science : soit que la raison naturelle parvienne par elle-même à la connaissance de ce qu'elle ignore, et cette première manière est appelée invention ; soit que quelqu'un apporte son aide, de l'extérieur, à la raison naturelle, et cette seconde manière s'appelle l'enseignement.

Mais, dans tout ce qui est produit à la fois par la nature et par l'art, l'art opère de la même manière et par les mêmes moyens que la nature elle-même : de même, en effet, que la nature rendrait la santé à celui qui est malade à cause du froid, en le réchauffant, de même ferait le médecin, et c'est la raison pour laquelle on dit que l'art imite la nature [1]. Il en va de même pour l'acquisition de la science : celui qui enseigne achemine les autres vers

seule puissance : car un être est puissant, soit parce qu'il a lui-même la puissance d'être modifié, soit parce qu'un autre être a la puissance d'être modifié par lui, tandis qu'en un autre sens, elles sont différentes. L'une, en effet, est dans le patient : c'est parce qu'il renferme un certain principe et que la matière est aussi un principe, que le patient est modifié, celui-ci par tel agent, celui-là par tel autre... L'autre puissance est dans l'agent : tels sont la chaleur et l'art de bâtir, résidant, l'une dans le corps qui peut chauffer, l'autre dans l'homme qui peut bâtir » (trad. J. Tricot, p. 483 et 485). *Cf.* aussi *ibid.*, VII, 9 (1034 a 8-21) et saint Thomas, *C. Gent.*, II, c. 75.

1. « L'art imite la nature » : *cf.* Aristote, *Phys.*, II, 2 (194 a 21), cité par saint Thomas, *C. Gent.*, II, c. 75 et *ST* I-II, q. 21, a. 1, obj. 1.

ad scientiam ignotorum deducit, sicut aliquis inveniendo
deducit se ipsum in cognitionem ignoti.

Processus autem rationis pervenientis ad cognitionem
ignoti inveniendo est ut principia communia per se nota
applicet ad determinatas materias et inde procedat in
aliquas particulares conclusiones et ex his in alias ; unde
et secundum hoc unus alium dicitur docere quod istum
decursum rationis, quem in se facit ratione naturali,
alteri exponit per signa, et sic ratio naturalis discipuli per
huiusmodi sibi proposita sicut per quaedam instrumenta
pervenit in cognitionem ignotorum. Sicut igitur medicus
dicitur causare sanitatem in infirmo natura operante, ita
etiam homo dicitur causare scientiam in alio operatione

la connaissance de ce qu'ils ignorent, en procédant de la même manière que celui qui s'achemine lui-même, par la méthode de l'invention, vers la connaissance de ce qu'il ne sait pas.

Pour parvenir par mode d'invention à la connaissance de ce qu'elle ignore, cependant, la raison procède en appliquant les principes communs et connus par soi à des objets déterminés, puis en passant de là à des conclusions particulières et de celles-ci à d'autres. On dit donc, à partir de cela, que l'un enseigne l'autre dans la mesure où le premier expose au second, à l'aide de signes, le processus rationnel qu'il développe en lui-même par sa propre raison naturelle; ainsi, grâce à ce qui lui est proposé de cette manière et qui lui sert en quelque sorte d'instrument, la raison naturelle du disciple parvient à la connaissance de ce qu'elle ignorait[1]. De même donc que l'on dit du médecin qu'il est la cause de la santé rendue au malade par l'action de la nature, de même dit-on qu'un homme est la cause de la science engendrée en un autre

---

1. Cette explication, claire et exhaustive, de ce qu'est l'enseignement et de son rapport avec l'invention reparaît en particulier dans *C. Gent.*, II, c. 75 : « Dans le disciple, en effet, se trouvent un principe actif tendant à la science, à savoir l'intellect, et des données naturellement connues, à savoir les axiomes. Aussi la science s'acquiert-elle de deux manières : sans enseignement, par l'invention; et par l'enseignement. Celui qui enseigne commence son enseignement comme celui qui découvre commence sa découverte : il offre à la considération du disciple les principes par lui connus, car 'toute discipline et toute science résultent d'une connaissance antérieure' (Aristote, *Anal. post.*, I, 1, 71 a 1). Puis il tire de ces principes les conclusions qu'ils comportent; il propose des exemples sensibles grâce auxquels dans l'âme du disciple sont formées les images nécessaires au travail de l'entendement. Et, parce que le labeur extérieur du maître serait inefficace s'il n'y avait pas un principe intérieur de science, d'origine divine, les théologiens disent que l'homme enseigne en offrant son ministère, et Dieu en agissant intérieurement » (trad. L.J. Moreau, p. 289).

rationis naturalis illius, et hoc est docere; unde unus homo alium docere dicitur et eius esse magister. Et secundum hoc dicit Philosophus in I Posteriorum quod « demonstratio est syllogismus faciens scire ». Si autem aliquis alicui proponat ea quae in principiis per se notis non includuntur vel includi non manifestantur, non faciet in eo scientiam sed forte opinionem vel fidem, quamvis hoc etiam aliquo modo ex principiis innatis causetur : ex ipsis enim principiis per se notis considerat quod ea quae ex eis necessario consequuntur sunt certitudinaliter tenenda, quae vero eis sunt contraria, totaliter respuenda; aliis autem assensum praebere potest vel non praebere. Huiusmodi autem rationis lumen quo principia huiusmodi nobis sunt nota, est nobis a Deo inditum quasi quaedam similitudo increatae veritatis in nobis resultans. Unde

par l'activité de la raison naturelle de ce dernier ; et voilà ce que c'est qu'enseigner. De là vient que l'on dit qu'un homme en enseigne un autre et qu'il est son maître. Et c'est en ce sens que le Philosophe dit, au premier livre des *Seconds Analytiques*, que « la démonstration est un syllogisme qui fait savoir »[1].

Si quelqu'un propose en revanche à un autre des choses qui ne sont pas incluses dans les principes connus par soi ou dont il n'est pas manifeste qu'elles y sont incluses, il n'engendrera pas en lui la science, mais peut-être l'opinion ou la croyance[2], encore que cela aussi soit causé en quelque manière par les principes innés : c'est en effet à partir de ces principes connus par soi que l'enseigné considère que ce qui en découle d'une manière nécessaire doit être tenu pour certain, et que ce qui leur est contraire doit être totalement rejeté, alors qu'il peut donner ou ne pas donner son assentiment aux autres conclusions.

Quant à cette lumière de la raison par laquelle ces principes évidents nous sont connus, elle est mise en nous par Dieu comme une ressemblance de la vérité incréée présente en nous[3]. C'est pourquoi, étant donné

---

1. *Cf.* Aristote, *Anal. post.*, I, 2 (71 b 17-18) : « Ce que nous appelons ici savoir, c'est connaître par le moyen de la démonstration. Par démonstration j'entends le syllogisme scientifique, et j'appelle scientifique un syllogisme dont la possession même constitue pour nous la science » (trad. J. Tricot, p. 8).

2. Saint Thomas expose ailleurs, particulièrement dans ses traités sur la foi, ce qui distingue la science de l'opinion et de la croyance. Voir notamment *De veritate*, q. 14, a. 1, c. ; *ST* I-II, q. 67, a. 3, c. et ad 1 ; *ibid.*, II-II, q. 1, a. 4, c. et a. 5, ad 4 ; q. 2, a. 1, c. ; q. 4, a. 1, c.

3. Cf. *De veritate*, q. 10, a. 6, ad 6, où les premiers principes sont également définis comme étant une ressemblance en nous de la vérité incréée. Saint Thomas s'accorde sur ce point avec Augustin : les

cum omnis doctrina humana efficaciam habere non possit nisi ex virtute illius luminis, constat quod solus Deus est qui interius et principaliter docet, sicut natura interius et principaliter sanat; nihilominus homo et sanare et docere proprie dicitur modo praedicto.

1. Ad primum igitur dicendum quod, quia Dominus praeceperat discipulis ne vocarentur magistri, ne posset intelligi hoc esse prohibitum absolute glosa exponit qualiter haec prohibitio sit intelligenda : prohibemur enim hoc modo hominem vocare magistrum ut ei princi-palitatem magisterii attribuamus quae Deo competit, quasi in hominum sapientia spem ponentes et non magis de his quae ab homine audimus divinam veritatem consulentes quae in nobis loquitur per suae similitudinis impressionem qua de omnibus possumus iudicare.

qu'aucun enseignement humain ne peut avoir d'efficacité qu'en vertu de cette lumière, il est évident que Dieu seul est celui qui enseigne intérieurement et principalement, comme la nature est ce qui rend intérieurement la santé et se trouve être l'agent principal de la guérison ; on peut dire néanmoins, à proprement parler, et dans le sens qu'on vient d'expliquer, que l'homme guérit et qu'il enseigne.

RÉPONSE AUX OBJECTIONS :

1. A la première objection, on doit répondre que, pour éviter que l'on ne voie une interdiction absolue dans cette prescription donnée par le Seigneur à ses disciples de ne pas se faire appeler maître, la *Glose* explique de quelle manière cette interdiction doit être comprise. Il nous est en effet défendu de donner le titre de maître à un homme si nous voulons par là lui attribuer, dans l'exercice de son magistère, le rôle principal qui appartient à Dieu, comme si nous mettions notre espérance dans la sagesse des hommes et comme si nous ne nous en rapportions pas plutôt, en ce que nous entendons dire par les hommes, à la vérité divine qui parle au-dedans de nous à travers l'empreinte de sa ressemblance, par laquelle nous pouvons juger de toutes choses.

premiers principes nous viennent de Dieu et sont un reflet, en nous, de la vérité incréée. Cependant, tandis que Augustin proclame la nécessité d'une illumination divine, d'un recours direct à la vérité incréée pour tout acte de connaissance, saint Thomas affirme l'autonomie de la raison humaine fonctionnant à partir des premiers principes. C'est un exemple, parmi beaucoup d'autres, de l'insistance avec laquelle saint Thomas maintient fermement la dépendance de toutes choses à l'égard de la cause première, tout en respectant et sauvegardant l'autonomie des causes secondes naturelles.

2. Ad secundum dicendum quod cognitio rerum in nobis non efficitur per cognitionem signorum sed per cognitionem aliarum rerum magis certarum, scilicet principiorum quae nobis per aliqua signa proponuntur et applicantur ad aliqua quae prius nobis erant ignota simpliciter, quamvis essent nobis nota secundum quid, ut dictum est; cognitio enim principiorum facit in nobis scientiam conclusionum, non cognitio signorum.

3. Ad tertium dicendum quod illa de quibus per signa edocemur cognoscimus quidem quantum ad aliquid et quantum ad aliquid ignoramus : utpote si doceamur quid est homo, oportet quod de eo praesciamus aliquid, scilicet rationem animalis vel substantiae aut saltem ipsius entis quae nobis ignota esse non potest; et similiter si doceamur aliquam conclusionem, oportet praescire de passione et subiecto quid sunt, etiam principiis per quae conclusio docetur praecognitis, « omnis enim disciplina fit ex praeexistenti cognitione », ut dicitur in principio Posteriorum, unde ratio non sequitur.

2. A la seconde objection, on doit répondre que la connaissance des choses n'est pas produite en nous par la connaissance des signes, mais par celle d'autres choses plus certaines, à savoir par la connaissance des principes. Ceux-ci nous sont présentés à l'aide des signes et ils sont appliqués à des choses qui nous étaient auparavant tout à fait inconnues, bien qu'elles fussent cependant connues d'une certaine manière, comme on l'a dit précédemment[1]. C'est la connaissance des principes, et non celle des signes, qui engendre en effet en nous la science des conclusions.

3. A la troisième objection, on doit répondre qu'en ce qui concerne les choses qui nous sont enseignées par des signes, elles nous sont pour une part connues, et pour une part inconnues. Si l'on nous enseigne en effet ce qu'est l'homme, il faut que nous connaissions au préalable quelque chose de ce qui se rapporte à lui, comme la notion d'animal, de substance*, ou au moins la notion d'être que nous ne pouvons ignorer ; et de même, si l'on nous enseigne quelque conclusion, il faut que nous sachions au préalable ce que sont le sujet et le prédicat, les principes à partir desquels la conclusion est enseignée étant eux-mêmes auparavant connus. Comme il est dit en effet au commencement des *Seconds Analytiques*, « tout enseignement procède d'une connaissance préalable »[2]. Ainsi l'objection est-elle sans portée.

---

1. Voir *supra*, p. 141 et note 1.
2. *Cf.* Aristote, *Anal. post.*, I, 1 (71 a 1).

4. Ad quartum dicendum quod ex sensibilibus signis quae in potentia sensitiva recipiuntur, intellectus accipit intentiones intelligibiles quibus utitur ad scientiam in se ipso faciendam : proximum enim scientiae effectivum non sunt signa sed ratio discurrens a principiis in conclusiones, ut dictum est.

5. Ad quintum dicendum quod in eo qui docetur scientia praeexistebat, non quidem in actu completo sed quasi in rationibus seminalibus, secundum quod universales conceptiones quarum cognitio est nobis naturaliter indita, sunt quasi semina quaedam omnium sequentium cognitorum; quamvis autem per virtutem creatam rationes seminales non hoc modo educantur in actum quasi ipsae per aliquam creatam virtutem infundantur, tamen id quod est in eis originaliter et virtualiter actione creatae virtutis in actum educi potest.

6. Ad sextum dicendum quod docens non dicitur transfundere scientiam in discipulum quasi illa eadem numero scientia quae est in magistro in discipulo fiat, sed quia per doctrinam fit in discipulo scientia similis ei quae est in magistro, educta de potentia in actum, ut dictum est.

4. A la quatrième objection, on doit répondre que, à partir des signes sensibles reçus par la puissance sensitive*, l'intellect établit les intentions intelligibles* dont il se sert pour constituer en lui-même son savoir. La cause prochaine du savoir ne doit pas être en effet cherchée dans les signes mais, comme on l'a dit, dans la raison qui passe des principes aux conclusions.

5. A la cinquième objection, on doit répondre que la science ne préexistait pas en acte* complet chez celui qui est enseigné, mais qu'elle s'y trouvait comme en des raisons séminales*, en ce sens que les notions universelles dont la connaissance est imprimée en nous par la nature sont comme les germes de toutes les connaissances qui en découlent par voie de conséquence. Mais, bien que les raisons séminales ne soient pas amenées à l'acte par un agent créé comme si elles avaient été infusées par une puissance créée, néanmoins ce qui se trouve en elles originellement et virtuellement peut passer à l'acte sous l'action d'un agent créé.

6. A la sixième objection, on doit répondre que l'on ne dit pas que l'enseignant transfère la science dans le disciple, comme si la science qui est dans le maître était la même, numériquement parlant, que celle qui est engendrée dans le disciple, mais on dit que, par l'enseignement, une science semblable à celle du maître est produite dans le disciple et qu'elle passe en lui de la puissance* à l'acte* comme il a été expliqué précédemment.

7. Ad septimum dicendum quod sicut medicus, quamvis exterius operetur natura sola interius operante, dicitur facere sanitatem, ita et homo dicitur docere veritatem quamvis exterius annuntiet Deo interius docente.

8. Ad octavum dicendum quod Augustinus in libro De magistro per hoc quod probat solum Deum docere non intendit excludere quin homo exterius doceat, sed quod ipse solus Deus docet interius.

9. Ad nonum dicendum quod homo verus et vere doctor dici potest et veritatem docens et mentem quidem illuminans, non quasi lumen rationis infundens sed quasi lumen rationis coadiuvans ad scientiae perfectionem per ea quae exterius proponit, secundum quem modum dicitur Eph. III [8] « Mihi autem omnium sanctorum minimo data est gratia haec illuminare omnes » etc.

10. Ad decimum dicendum quod duplex est sapientia, scilicet creata et increata, et utraque homini infundi dicitur et eius infusione homo mutari in melius proficiendo. Sapientia increata vero nullo modo mutabilis est, creata vero in nobis mutatur per accidens et non per se; est enim ipsam considerare dupliciter : uno modo secundum respectum ad res aeternas de quibus est, et sic omnino immutabilis est, alio modo secundum esse quod habet in

7. A la septième objection, on doit répondre que, comme on dit du médecin qu'il procure la santé bien qu'il agisse de l'extérieur et que la nature soit seule à agir de l'intérieur, de même dit-on que l'homme enseigne la vérité bien qu'il l'annonce extérieurement et que ce soit Dieu qui enseigne intérieurement.

8. A la huitième objection, on doit répondre que, lorsqu'il prouve, dans son traité *Du maître*, que Dieu seul enseigne, Augustin n'entend pas nier pour autant que l'homme enseigne de l'extérieur, mais il veut dire que Dieu seul enseigne intérieurement.

9. A la neuvième objection, on doit répondre qu'un homme peut être, à proprement parler, appelé maître, enseignant la vérité et illuminant l'esprit, non pas en tant qu'il infuse la lumière de la raison, mais en tant qu'il apporte son aide à la lumière de la raison pour conduire celle-ci à la perfection de la science par ce qu'il lui propose de l'extérieur, comme le dit *Eph.* 3, 8 : « C'est à moi, le dernier de tous les saints, qu'a été donnée cette grâce d'illuminer tous les hommes, etc.... ».

10. A la dixième objection, on doit répondre en disant qu'il y a une double sagesse, la sagesse créée et la sagesse incréée, que l'une et l'autre sont infusées en l'homme et que, par cette infusion, l'homme change et devient meilleur. La sagesse incréée est absolument immuable, alors que la sagesse créée, elle, change en nous, mais par accident* et non par soi. Cette sagesse créée peut être en effet considérée elle-même de deux manières différentes : envisagée d'abord dans sa relation avec les réalités éternelles dont elle traite, elle est, elle aussi, absolument immuable ; mais si, en se plaçant à un autre point de vue, on considère le mode d'existence qui

subiecto, et sic per accidens mutatur subiecto mutato de potentia habente sapientiam in actu habens : formae enim intelligibiles, ex quibus sapientia consistit, et sunt rerum similitudines et sunt formae perficientes intellectum.

11. Ad undecimum dicendum quod in discipulo describuntur formae intelligibiles ex quibus scientia per doctrinam accepta constituitur, immediate quidem per intellectum agentem sed mediate per eum qui docet : proponit enim doctor rerum intelligibilium signa ex quibus intellectus agens accipit intentiones intelligibiles et describit eas in intellectu possibili; unde ipsa verba doctoris audita, vel visa in scripto, hoc modo se habent ad causandum scientiam in intellectu sicut res quae sunt extra animam quia ex utrisque intellectus agens intentiones intelligibiles accipit, quamvis verba doctoris propinquius se habeant ad causandum scientiam quam sensibilia extra animam existentia in quantum sunt signa intelligibilium intentionum.

12. Ad duodecimum dicendum quod non est omnino simile de intellectu et visu corporali : visus enim corporalis non est vis collativa ut ex quibusdam suorum obiectorum in alia perveniat, sed omnia sua objecta sunt ei visibilia quam cito ad illa convertitur; unde habens potentiam visivam se habet hoc modo ad omnia visibilia

est le sien dans un sujet, elle change alors par accident lorsque le sujet est lui-même changé de sujet possédant la sagesse en puissance* en sujet possédant la sagesse en acte* : en effet, les formes intelligibles* qui constituent la sagesse sont à la fois des similitudes* des choses et des formes* qui perfectionnent l'intellect.

11. A la onzième objection, on doit répondre que les formes intelligibles*, dont est constituée la science acquise par l'enseignement, sont imprimées dans le disciple d'une manière immédiate par l'intellect agent*, mais de manière médiate par celui qui enseigne. Le maître présente en effet des signes des réalités intelligibles, d'où l'intellect agent abstrait les intentions intelligibles* et les imprime dans l'intellect possible*. De là vient que les paroles du maître elles-mêmes, qu'elles soient entendues ou qu'elles soient vues dans un écrit, exercent leur causalité de la même manière, dans la production de la science dans l'intellect, que les choses extérieures à l'âme, parce que l'intellect agent tire des unes et des autres les intentions intelligibles. Les paroles du maître cependant, en tant que signes des intentions intelligibles, exercent leur causalité dans la production de la science d'une manière plus immédiate que les objets sensibles subsistant en dehors de l'âme.

12. A la douzième objection, on doit répondre qu'il n'y a pas parfaite similitude entre l'intellect et le sens de la vue. Le sens de la vue, en effet, n'est pas doté d'un pouvoir de synthèse qui lui permette, à partir de certains objets, d'en saisir d'autres, mais tous les objets propres à ce sens sont visibles pour lui aussitôt qu'il se tourne vers eux. Ainsi celui qui dispose de la faculté de voir se trouve de la sorte, en ce qui concerne la perception de toutes

intuenda sicut habens habitum ad ea quae habitualiter scit
consideranda, et ideo videns non indiget ab alio excitari
ad videndum nisi quatenus per alium eius visus dirigitur
in aliquod visibile, ut digito vel aliquo huiusmodi. Sed
potentia intellectiva, cum sit vis collativa, ex quibusdam
in alia devenit; unde non se habet aequaliter ad omnia
intelligibilia consideranda, sed quaedam statim videt quae
sunt per se nota, in quibus implicite continentur quaedam
alia quae intelligere non potest nisi per officium rationis
ea quae in principiis implicite continentur explicando;
unde ad huiusmodi cognoscenda, antequam habitum
habeat, non solum est in potentia accidentali sed etiam in
potentia essentiali : indiget enim motore qui reducat eum

les choses visibles, dans la même situation que celui
qui dispose d'un habitus* lui permettant de fixer son
attention sur les choses dont il a une science habituelle.
C'est pourquoi celui qui voit n'a pas besoin d'être incité
à voir par un autre, si ce n'est dans la mesure où, par
cet autre, son regard est dirigé vers quelque objet visible
à l'aide d'un signe du doigt ou de quelque chose de ce
genre[1]. Mais la puissance intellective*, parce qu'elle est
douée d'un pouvoir de synthèse, est capable de passer
de certaines choses à d'autres. Aussi ne se trouve-t-elle
pas dans une situation identique à l'égard de toutes les
choses intelligibles qu'elle considère. Elle voit en effet
instantanément certaines d'entre elles, qui sont connues
par soi et dans lesquelles d'autres sont implicitement
contenues qu'elle ne peut connaître qu'en explicitant,
grâce à la raison, ce qui est implicitement contenu dans
les principes. Il ressort de là qu'en ce qui concerne la
connaissance de telles choses, et avant qu'il n'acquière
l'habitus correspondant, l'intellect n'est pas seulement
en puissance* accidentelle, mais aussi en puissance
essentielle : il a en effet besoin d'une cause motrice qui

1. L'exemple du signe du doigt attirant le regard est déjà donné
par saint Thomas dans *Super Sent.*, II, d. 28, q. 1, a. 5, ad 3 : « Celui
qui enseigne est semblable à celui qui remue le doigt pour montrer
quelque chose : de même que celui qui peut remuer extérieurement
le doigt pour désigner un objet ne peut pas pour autant conférer la
faculté de voir…, ainsi celui qui peut extérieurement énoncer des
paroles, signes de vérité, ne peut pas cependant donner la faculté de
comprendre le vrai, faculté qui provient de Dieu seul ». L'exemple du
doigt est emprunté à Augustin, *De doctrina christiana*, Prologue, § 3 :
Augustin y compare ceux qui risquent de ne pas comprendre les règles
d'interprétation scripturaire qu'il va proposer, à des personnages qui ne
seraient même pas capables de voir le doigt de celui qui tenterait de leur
montrer quelque chose.

in actum per doctrinam, ut dicitur in VIII Physicorum, quo non indiget ille qui iam aliquid habitualiter novit. Doctor ergo excitat intellectum ad sciendum illa quae docet sicut motor essentialis educens de potentia in actum, sed ostendens rem aliquam visui corporali, excitat eum sicut motor per accidens, prout etiam habens habitum scientiae potest excitari ad considerandum ab aliquo.

13. Ad tertium decimum dicendum quod certitudo scientiae tota oritur ex certitudine principiorum : tunc enim conclusiones per certitudinem sciuntur quando resolvuntur in principia; et ideo hoc quod aliquid per certitudinem sciatur, est ex lumine rationis divinitus interius indito quo in nobis loquitur Deus, non autem ab homine exterius docente nisi quatenus conclusiones in principia resolvit nos docens, ex quo tamen nos

le fasse passer à l'acte* par l'enseignement, comme il est dit au livre VIII de la *Physique*[1], cause motrice dont n'a pas besoin celui qui connaît déjà quelque chose d'une manière habituelle. Le maître incite donc l'intellect à connaître ce qu'il enseigne, à la manière d'une cause motrice essentielle faisant passer de la puissance à l'acte ; mais celui qui montre quelque chose au sens corporel de la vue stimule celui-ci à la manière d'une cause motrice accidentelle, comme celui qui possède l'habitus de la science peut être incité à réfléchir par un autre.

13. A la treizième objection, on doit répondre que la certitude de la science provient tout entière de la certitude des principes. Les conclusions sont en effet connues avec certitude lorsqu'elles sont ramenées à leurs principes. C'est pourquoi le fait que quelque chose puisse être connu avec certitude provient de la lumière de la raison, divinement infusée au-dedans de nous-mêmes par laquelle Dieu parle en nous, et non pas de l'homme qui enseigne de l'extérieur, si ce n'est pourtant dans la mesure où, en nous enseignant, il ramène les conclusions à leurs principes. Mais nous ne parviendrions pas de cette

---

1. *Cf.* Aristote, *Phys.*, VIII, 4 (255 a 33-b 5) : « Ce sont deux puissances différentes, que l'état du savant qui apprend, et celui du savant qui possède déjà sa science mais n'en fait pas l'objet actuel de son étude... Car celui qui possède une science, mais sans en faire l'objet actuel de son étude, est savant en puissance d'une certaine façon, non pourtant comme avant d'apprendre... sinon il serait dans un état qui contredirait sa capacité, autrement dit dans l'ignorance » (trad. H. Carteron, t. 2, p. 113). Les deux façons d'être savant en puissance font ressortir la différence entre l'état de puissance accidentelle du savant qui ne pratique pas une science qu'il possède, et l'état de puissance essentielle de celui qui veut apprendre une science mais qui l'ignore encore.

certitudinem scientiae non acciperemus nisi inesset nobis certitudo principiorum in quae conclusiones resolvuntur.

14. Ad quartum decimum dicendum quod homo exterius docens non influit lumen intelligibile sed est causa quodam modo speciei intelligibilis in quantum proponit nobis quaedam signa intelligibilium intentionum quas intellectus noster ab illis signis accipit et recondit in se ipso.

15. Ad quintum decimum dicendum quod cum dicitur 'nihil potest formare mentem nisi Deus', intelligitur de ultima eius forma sine qua informis reputatur quotcumque alias formas habeat; haec autem est forma illa qua ad Verbum convertitur et ei inhaeret per quam solam natura rationalis formata dicitur, ut patet per Augustinum Super Genesim ad litteram.

manière à la certitude de la science s'il n'y avait en nous la certitude des principes dans lesquels se résolvent les conclusions.

14. A la quatorzième objection, on doit répondre que l'homme qui enseigne de l'extérieur n'infuse pas la lumière intelligible, mais qu'il est en quelque manière la cause de l'espèce intelligible*, en tant qu'il nous propose des signes des intentions intelligibles* que notre intellect tire de ces signes et conserve en lui-même.

15. A la quinzième objection, on doit répondre que, lorsqu'on dit que « rien ne peut former l'esprit, sinon Dieu », ceci doit s'entendre de la forme* ultime de l'esprit, sans laquelle celui-ci est considéré comme informe, quel que soit le nombre des autres formes qu'il possède. Mais cette forme ultime est celle par laquelle l'esprit se tourne vers le Verbe et adhère à lui, seule forme par laquelle la nature raisonnable puisse être dite formée, comme il ressort du traité sur *La Genèse au sens littéral* d'Augustin [1].

---

1. *Cf.* Augustin, *De Genesi ad litteram*, I, c. 5, 10, qui explique de la manière suivante comment l'intelligence est informée par le Verbe : « La créature, elle, fût-elle spirituelle et intelligente ou raisonnable... peut avoir une vie informe : car, pour elle, si être est même chose que vivre, au contraire pareillement vivre n'est pas même chose que vivre dans la sagesse et la félicité. En effet, lorsqu'elle s'est détournée de l'immuable Sagesse, elle vit dans la sottise et la misère : c'est là son informité. Mais elle est formée par conversion vers l'immuable lumière de la Sagesse, le Verbe de Dieu : celui de qui elle reçoit d'exister, pour avoir une ébauche d'être et de vie, est aussi celui qui la tourne vers lui, pour qu'elle vive dans la sagesse et la félicité » (trad. P. Agaësse, A. Solignac, *B.A.*, t. 48, p. 95). Voir aussi *ibid.*, III, c. 20, 31, où Augustin écrit à propos de la lumière qui éclaira l'homme dès sa création : « Cette première lumière (de la créature) était créée telle qu'en elle se produisit la connaissance du Verbe de Dieu par lequel

16. Ad sextum decimum dicendum quod culpa est in affectu in quem solus Deus imprimere potest, sicut infra patebit in sequenti articulo; ignorantia autem in intellectu est in quem etiam virtus creata potest imprimere, sicut intellectus agens imprimit species intelligibiles in intellectum possibilem quo mediante ex rebus sensibilibus et ex doctrina hominis causatur scientia in anima nostra, ut dictum est.

17. Ad septimum decimum dicendum quod certitudinem scientiae, ut dictum est, habet aliquis a solo Deo qui nobis lumen rationis indidit per quod principia cognoscimus ex quibus oritur scientiae certitudo; et tamen scientia ab homine etiam causatur in nobis quodam modo, ut dictum est.

16. A la seizième objection, on doit répondre que la faute est dans la volonté, sur laquelle Dieu seul peut agir, comme on le verra plus loin dans un autre article[1]. L'ignorance, en revanche, est dans l'intellect sur lequel même une force créée peut exercer son action, comme le fait l'intellect agent* lorsqu'il imprime des espèces intelligibles* dans l'intellect possible* et que, grâce à cette médiation, la science est produite dans notre âme à partir des choses sensibles et par l'enseignement de l'homme, comme on l'a dit plus haut.

17. A la dix-septième objection, on doit répondre que la certitude de la science, comme on l'a dit[2], ne vient que de Dieu qui a mis au-dedans de nous la lumière de la raison, par laquelle nous connaissons les principes d'où découle la certitude de la science. Cependant, on l'a dit aussi, la science est également en quelque manière engendrée en nous par l'homme.

---

elle était créée, cette connaissance consistant pour elle à être tournée, à partir de son informité, vers Dieu qui la formait, et ainsi à être créée et formée » (trad. p. 263). Pour saint Thomas, la béatitude ultime de l'homme consiste bien dans la vision de l'essence divine (cf. *ST* I, q. 12, a. 1, c.) et, dans cette vision, c'est « l'essence divine elle-même qui informe immédiatement l'intellect crée » (*ibid.*, a. 5, c.). Mais, si l'essence divine devient ainsi la forme ultime de l'intelligence humaine, il n'en reste pas moins que celle-ci, ici-bas, peut et doit être actualisée par d'autres formes ou espèces intelligibles, et notamment par celles qu'elle dégage, par abstraction, de la réalité sensible et qu'elle saisit dans la lumière de l'intellect agent (cf. *ibid.*, I, p. 85, a. 1 ; *De veritate*, q. 10, a. 6).

1. Cf. *infra*, a. 3, ad 11, p. 187.
2. Cf. *supra*, fin de l'article, p. 143, et note 3.

18. Ad duodevicesimum dicendum quod discipulus ante locutionem magistri interrogatus responderet quidem de principiis per quae docetur, non autem de conclusionibus quas quis eum docet; unde principia non discit a magistro sed solum conclusiones.

18. A la dix-huitième objection, on doit répondre que, si le disciple était interrogé avant que le maître ne prenne la parole, il serait sans doute capable, dans sa réponse, de parler des principes grâce auxquels il peut recevoir un enseignement, mais non des conclusions que quelqu'un lui enseigne. D'où il ressort que le disciple n'apprend pas du maître les principes, mais seulement les conclusions.

ARTICULUS SECUNDUS

Secundo quaeritur utrum aliquis possit dici magister sui ipsius. Et videtur quod sic quia actio magis debet attribui causae principali quam instrumentali; sed causa quasi principalis scientiae causatae in nobis est intellectus agens, homo autem qui docet exterius est causa quasi instrumentalis proponens intellectui agenti instrumenta quibus ad scientiam perducat; ergo intellectus agens magis docet quam homo exterius; si ergo propter locutionem exteriorem qui exterius loquitur dicitur magister illius qui audit, multo amplius propter lumen intellectus agentis ille qui audit dicendus est magister sui ipsius.

2. Praeterea, nullus aliquid addiscit nisi secundum quod ad certitudinem cognitionis pervenit; sed certitudo cognitionis nobis inest per principia naturaliter nota in lumine intellectus agentis; ergo intellectui agenti praecipue convenit docere, et sic idem quod prius.

Quelqu'un peut-il être appelé son propre maître ?

On se demande, en second lieu, si l'on peut dire de quelqu'un qu'il est son propre maître. Il semble que oui :

1. Une action, en effet, doit être attribuée à la cause principale plutôt qu'à la cause instrumentale. Mais l'intellect agent* est en quelque manière la cause principale de la science qui est produite en nous, alors que l'homme qui enseigne de l'extérieur est en quelque sorte la cause instrumentale qui offre à l'intellect agent les instruments grâce auxquels celui-ci parvient à la science. L'intellect agent enseigne donc davantage que l'homme qui est à l'extérieur. Si donc, à cause d'un discours extérieur, on dit que celui qui parle de l'extérieur est le maître de celui qui écoute, à plus forte raison, à cause de la lumière de l'intellect agent, celui qui écoute doit-il être appelé son propre maître.

2. De plus, nul n'apprend quelque chose que dans la mesure où il parvient à la certitude de la connaissance. Mais la certitude de la connaissance est en nous grâce aux principes naturellement connus à la lumière de l'intellect agent*. C'est donc à l'intellect agent qu'il appartient principalement d'enseigner, et nous en revenons ainsi à la conclusion précédente.

3. Praeterea, docere magis proprie convenit Deo quam homini, unde Matth. XXIII [8] « Unus est magister vester » ; sed Deus nos docet in quantum lumen nobis rationis tradit quo de omnibus possumus iudicare ; ergo illi lumini actio docendi praecipue attribui debet, et sic idem quod prius.

4. Praeterea, scire aliquid per inventionem est perfectius quam ab alio discere, ut patet in I Ethicorum ; si igitur ex illo modo acquirendi quo aliquis ab alio addiscit scientiam sumitur nomen magistri ut unus alterius sit magister, multo amplius ex modo accipiendi scientiam per inventionem debet accipi nomen magistri ut aliquis sui ipsius magister dicatur.

5. Praeterea, sicut aliquis inducitur ad virtutem ab alio et a se ipso, ita aliquis perducitur ad scientiam et per se ipsum inveniendo et ab alio addiscendo ; sed

3. De plus, enseigner, à proprement parler, appartient davantage à Dieu qu'à l'homme, c'est pourquoi il est dit dans *Mt* 23, 8 : « Vous n'avez qu'un seul Maître ». Mais Dieu nous enseigne en tant qu'il nous donne la lumière de la raison par laquelle nous avons le pouvoir de juger toutes choses. C'est donc à cette lumière que doit être principalement rapportée l'action d'enseigner, et nous en revenons ainsi aux conclusions précédentes.

4. De plus, savoir quelque chose par découverte personnelle est plus parfait que de l'apprendre d'un autre, comme cela ressort du premier livre de l'*Éthique*[1]. Si donc, à propos de ce mode d'acquisition de la science selon lequel l'un apprend de l'autre, on emploie le nom de maître de telle sorte que l'un soit appelé le maître de l'autre, à plus forte raison doit-on employer le nom de maître à propos de ce mode d'acquisition du savoir qui se fait par découverte personnelle, de telle sorte que quelqu'un puisse être appelé son propre maître.

5. De plus, de même que quelqu'un peut être conduit à la vertu par un autre et par lui-même, ainsi peut-il être également conduit à la science, soit par découverte personnelle, soit par enseignement reçu d'un autre. Mais,

---

1. *Cf.* Aristote, citant Hésiode, *Les travaux et les jours*, 293 et 295-297, dans *Eth. Nic.*, I, 2 (1095 b 10) :
« Celui-là est absolument parfait
Qui de lui-même réfléchit sur toutes choses.
Est encore sensé celui qui se rend aux bons conseils qu'on lui donne.
Quant à celui qui ne sait ni réfléchir par lui-même, ni, en écoutant les leçons d'autrui,
Les accueillir dans son cœur, celui-là en revanche est un homme bon à rien » (trad. J. Tricot, p. 42-43).

illi qui ad opera virtutum perveniunt sine exteriori institutore vel legislatore dicuntur esse sibi ipsis lex, Rom. II [14] « Cum gens quae legem non habent naturaliter quae legis sunt faciunt, ipsi sibi sunt lex » ; ergo et ille qui scientiam acquirit per se ipsum debet sibi ipsi dici magister.

6. Praeterea, doctor est causa scientiae sicut medicus sanitatis, ut dictum est ; sed medicus sanat se ipsum ; ergo aliquis etiam potest se ipsum docere.

SED CONTRA est quod Philosophus dicit in VIII Physicorum quod impossibile est quod docens addiscat quia docentem necesse est habere scientiam, discentem vero non habere ; ergo non potest esse quod aliquis doceat se ipsum vel dici possit sui magister.

2. Praeterea, magisterium importat relationem superpositionis sicut et dominus ; sed huiusmodi relationes non possunt inesse alicui ad seipsum : non enim aliquis est pater sui ipsius aut dominus ; ergo nec aliquis potest dici sui ipsius magister.

de ceux qui accomplissent des œuvres vertueuses sans que quelqu'un les y conduise ou leur impose une loi de l'extérieur, on dit qu'il sont à eux-mêmes leur loi, comme il est écrit dans *Rm* 2, 14 : « Quand les Gentils qui n'ont pas de loi accomplissent naturellement ce qui est prescrit par la loi, ils sont à eux-mêmes leur loi ». De celui qui acquiert la science par lui-même, on doit donc dire aussi qu'il est son propre maître.

6. De plus, comme on l'a dit[1], celui qui enseigne est cause de la science comme le médecin est cause de la guérison. Mais le médecin se guérit lui-même. Quelqu'un peut donc aussi s'enseigner lui-même.

CEPENDANT :

1. Le Philosophe dit au livre VIII de la *Physique*[2] qu'il est impossible que celui qui enseigne apprenne, parce qu'il est nécessaire que celui qui enseigne possède la science et que celui qui apprend ne la possède pas. Il est donc impossible que quelqu'un s'enseigne lui-même ou qu'il puisse être appelé son propre maître.

2. De plus, la fonction de maître implique une relation de supériorité, comme celle de seigneur. Mais personne ne peut avoir de relations de cette sorte avec lui-même : personne, en effet, ne peut être son propre père ou son propre seigneur. Donc personne ne peut être appelé non plus son propre maître.

---

1. *Cf. supra*, a. 1, p. 141-143.
2. *Cf.* Aristote, *Phys.*, VIII, 5 (257 a 12) : « Nécessairement apprendre est ne pas posséder la science, et enseigner, la posséder au contraire » (trad. H. Carteron, t. 2, p. 117).

RESPONSIO. Dicendum quod absque dubio aliquis potest per lumen rationis sibi inditum absque exterioris doctrinae adminiculo devenire in cognitionem ignotorum multorum, sicut patet in omni eo qui per inventionem scientiam acquirit; et sic quodam modo aliquis est sibi ipsi causa sciendi, non tamen propter hoc proprie potest dici sui ipsius magister vel se ipsum docere. Duos enim modos principiorum agentium in rebus naturalibus invenimus, ut patet ex Philosopho in VII Metaphysicae : quoddam enim est agens quod in se totum habet quod in effectu per eum causatur, vel eodem modo sicut est in agentibus univocis vel etiam eminentiori sicut est in agentibus aequivocis; quaedam vero agentia sunt in quibus eorum quae aguntur non praeexistit nisi pars, sicut motus causat sanitatem aut aliqua medicina calida in qua calor invenitur vel actualiter vel virtualiter, calor autem non est tota sanitas sed est pars sanitatis. In primis igitur agentibus est perfecta ratio actionis non autem in agentibus secundi modi, quia secundum hoc aliquid agit quod actu est,

Réponse :

Il faut répondre que quelqu'un peut, sans aucun doute, parvenir à la connaissance de beaucoup de choses qu'il ne connaissait pas, grâce à la lumière de la raison qui lui a été donnée et sans le secours d'un enseignement venu de l'extérieur. C'est ce qu'on constate chez tous ceux qui acquièrent la science par découverte personnelle. Ainsi quelqu'un peut être en quelque manière la cause de son propre savoir, mais on ne peut dire pour autant, à proprement parler, qu'il est le maître de lui-même ou qu'il s'enseigne lui-même.

Nous trouvons en effet dans la nature deux sortes de principes d'action, comme il ressort de ce que dit le Philosophe au livre VII de la *Métaphysique*[1]. Il y a des agents qui possèdent en eux-mêmes tout ce qui est causé par eux dans leurs effets, ou bien selon un mode identique comme c'est le cas pour les agents univoques*, ou bien selon un mode plus éminent comme c'est le cas pour les agents équivoques*. Mais il y a des agents dans lesquels ne préexiste qu'une partie seulement de ce qu'ils produisent : ainsi en est-il d'un mouvement qui produit la guérison, ou d'un médicament chaud dans lequel la chaleur se trouve actuellement ou virtuellement, mais cette chaleur n'est qu'une partie de la guérison et non la guérison tout entière. Dans les agents de la première espèce réside donc la raison intégrale de leur action, mais non dans ceux de la seconde espèce, parce qu'un agent agit selon ce qui, en lui, est en acte*[2], et,

---

1. *Cf.* Aristote, *Metaph.*, VII, 9 (1034 a 21-b 4).
2. Cf. *Super Sent.*, II, d. 1, q. 1, a. 2, sed contra 2 ; *C. Gent.*, II, c. 21, 8, et, à propos de la volonté qui, en Dieu, est confondue avec l'essence divine, *ibid.*, I, c. 73.

unde cum non sit in actu effectus inducendi nisi in parte, non erit perfecte agens.

Doctrina autem importat perfectam actionem scientiae in docente vel magistro; unde oportet quod ille qui docet vel magister est habeat scientiam quam in altero causat explicite et perfecte sicut in addiscente acquiritur per doctrinam. Quando autem alicui acquiritur scientia per principium intrinsecum, illud quod est causa agens scientiae non habet scientiam acquirendam nisi in parte, scilicet quantum ad rationes seminales scientiae quae sunt principia communia; et ideo ex tali causalitate non potest trahi nomen doctoris vel magistri proprie loquendo.

1. Ad primum igitur dicendum quod intellectus agens, quamvis sit principalior causa quantum ad aliquid quam homo exterius docens, tamen in eo non praeexistit scientia complete sicut in docente, unde ratio non sequitur.

2. Ad secundum dicendum similiter sicut ad primum.

3. Ad tertium dicendum quod Deus explicite novit omnia quae per eum homo docetur, unde sibi

comme ces derniers agents ne sont que partiellement en acte par rapport à l'effet à produire, ils ne peuvent être parfaitement agents.

Or l'enseignement implique le plein exercice du savoir en celui qui enseigne, c'est-à-dire dans le maître ; il faut donc que celui qui enseigne ou qui exerce la fonction de maître possède la science qu'il cause dans un autre de la manière explicite et parfaite selon laquelle elle est acquise par le disciple grâce à l'enseignement. Mais, quand quelqu'un acquiert la science par son seul principe intérieur, ce qui est cause efficiente de sa science n'a que partiellement la science qu'il doit acquérir, à savoir pour autant que celle-ci est contenue dans les raisons séminales* de la science que sont les principes communs. Et c'est pourquoi, à propos de cette sorte de causalité, on ne peut employer, à proprement parler, le nom de docteur ou celui de maître.

RÉPONSE AUX OBJECTIONS :

1. A la première objection, on doit répondre que, bien que l'intellect agent* soit, d'un certain point de vue, davantage cause principale de science que l'homme qui enseigne extérieurement, la science ne préexiste pourtant pas en lui d'une manière parfaite comme dans le maître qui enseigne. L'argument est donc sans portée.

2. A la seconde objection, on doit répondre de la même manière qu'à la précédente.

3. A la troisième objection, on doit répondre que Dieu connaît d'une manière explicite toutes les choses dont l'homme est instruit par lui ; de là vient que le

convenienter magistri ratio attribui potest; secus autem est de intellectu agente ratione iam dicta.

4. Ad quartum dicendum quod, quamvis modus in acquisitione scientiae per inventionem sit perfectior ex parte recipientis scientiam in quantum designatur habilior ad sciendum, tamen ex parte scientiam causantis est modus perfectior per doctrinam quia docens qui explicite totam scientiam novit, expeditius potest ad scientiam inducere quam aliquis induci possit ex se ipso per hoc quod praecognoscit scientiae principia in quadam communitate.

5. Ad quintum dicendum quod hoc modo se habet lex in operabilibus sicut principium in speculativis, non autem sicut magister; unde non sequitur si aliquis sibi est lex quod sibi ipsi possit esse magister.

6. Ad sextum dicendum quod medicus sanat in quantum praehabet sanitatem non in actu sed in cognitione artis, sed magister docet in quantum actu scientiam habet; unde ille qui non habet sanitatem in actu, ex hoc quod habet sanitatem in cognitione artis potest in se ipso sanitatem causare; non autem potest esse ut aliquis actu habeat scientiam et non habeat ut sic possit a se ipso doceri.

nom de maître peut lui être attribué à juste titre. Mais il en va autrement de l'intellect agent* pour la raison précédemment indiquée[1].

4. A la quatrième objection, on doit répondre que, bien que le mode d'acquisition de la science par découverte soit plus parfait du point de vue de celui qui acquiert la science parce qu'il est le signe d'une plus grande aptitude à connaître, le mode d'acquisition de la science par l'enseignement est cependant plus parfait du point de vue de celui qui cause la science. L'enseignant, qui connaît explicitement la totalité de la science, peut en effet conduire à la science d'une manière plus rapide que ne peut le faire celui qui s'y conduit lui-même par le fait qu'il connaît d'avance d'une manière générale les principes de la science.

5. A la cinquième objection, on doit répondre que la loi est aux œuvres ce que le principe, mais non le maître, est à la science; on ne peut donc déduire de ce que quelqu'un est à lui-même sa loi qu'il puisse être son propre maître.

6. A la sixième objection, on doit répondre que le médecin guérit en tant qu'il possède la santé non pas en acte* mais dans la connaissance de son art, tandis que le maître enseigne en tant qu'il possède la science en acte. Il en résulte que celui qui n'a pas la santé en acte peut cependant être la cause de sa propre santé, parce qu'il la possède par la connaissance de son art. Mais il n'est pas possible que quelqu'un possède la science en acte et en même temps ne la possède pas, de telle sorte qu'il puisse ainsi être enseigné par lui-même.

1. Cf. *supra*, ad 1, p. 173.

ARTICULUS TERTIUS

Tertio quaeritur utrum homo ab angelo doceri possit. Et videtur quod non quia si angelus docet aut docet interius aut exterius; non autem interius quia hoc solius Dei est, ut Augustinus dicit; nec exterius, ut videtur, quia docere exterius est per aliqua sensibilia signa docere, ut Augustinus dicit in libro De magistro; huiusmodi autem sensibilibus signis angeli non nos docent nisi forte sensibiliter apparentes; ergo angeli nos non docent nisi forte sensibiliter apparentes, quod praeter communem cursum accidit, quasi per miraculum.

ARTICLE 3

L'homme peut-il être enseigné par un ange ?[1]

On se demande en troisième lieu si un homme peut être enseigné par un ange. Il semble que cela soit impossible :

1. En effet, si un ange enseigne, il enseigne de l'intérieur ou de l'extérieur. Mais il ne peut le faire de l'intérieur car, comme le dit Augustin[2], cela n'appartient qu'à Dieu ; il semble d'autre part qu'il ne puisse le faire de l'extérieur parce que l'enseignement qui est donné de l'extérieur est donné à l'aide de signes sensibles, comme le dit Augustin dans son traité *Du maître*[3]. Mais les anges ne peuvent nous enseigner grâce à des signes sensibles à moins qu'ils ne nous apparaissent éventuellement sous une forme sensible. Les anges ne nous enseignent donc que dans le cas où ils nous apparaissent d'une manière sensible, ce qui ne se produit qu'en dehors du cours naturel des choses, comme par miracle.

---

1. Lieux parallèles : *ST* I, q. 111, a. 1 et a. 3 ; *De malo*, q. 16, a. 12 ; *Quodlibeta*, IX, q. 4, a. 10.
2. *Cf.* Augustin, *De magistro*, c. 11, 38 ; c. 12, 40 ; c. 14, 45-46. L'opposition entre la Vérité qui parle à l'intérieur et le maître qui ne peut qu'avertir de l'extérieur revient constamment sous la plume d'Augustin : *cf. supra*, a. 1, obj. 8 et 12, ainsi que la note 1, p. 113.
3. *Cf.* Augustin, *De magistro*, c. 10, 29-30.

2. Sed dicebat quod angeli nos docent quodam modo exterius in quantum in nostram imaginationem imprimunt. – Sed contra, species imaginationi impressa ad imaginandum in actu non sufficit nisi adsit intentio, ut patet per Augustinum in libro De Trinitate; sed intentionem non potest in nobis inducere angelus cum intentio sit voluntatis actus in quam solus Deus imprimere potest; ergo nec etiam imprimendo in imaginationem angelus docere nos potest cum mediante imaginatione non possimus doceri nisi actu aliquid imaginando.

3. Praeterea, si ab angelis docemur absque sensibili apparitione, hoc non potest esse nisi in quantum intellectum illuminant, quem illuminare non possunt, ut videtur, quia nec tradunt lumen naturale quod a solo Deo est, utpote menti concreatum, nec etiam lumen gratiae quam solus Deus infundit; ergo angeli absque visibili apparitione nos docere non possunt.

2. Mais on a dit que les anges nous instruisent d'une certaine manière de l'extérieur, dans la mesure où ils agissent sur notre imagination. Pourtant, l'espèce* imprimée dans l'imagination ne suffit pas à faire passer notre imagination à l'acte sans le secours de l'intention*, comme il ressort de ce que dit Augustin dans son traité *De la Trinité*[1]. Mais un ange ne peut éveiller notre intention parce que l'intention est un acte de la volonté sur laquelle Dieu seul peut agir[2]. Un ange ne peut donc même pas nous enseigner en agissant sur notre imagination, puisque nous ne pouvons être enseignés par la médiation de notre imagination qu'en imaginant effectivement quelque chose.

3. De plus, si nous sommes instruits par les anges en dehors de toute apparition sensible, ceci ne peut avoir lieu que dans la mesure où ces anges illuminent l'intelligence : or ils ne peuvent l'illuminer, semble-t-il, parce qu'ils ne communiquent ni la lumière naturelle qui vient de Dieu seul puisqu'elle est créée en même temps que l'esprit, ni même la lumière de la grâce que Dieu seul infuse. Donc les anges ne peuvent nous enseigner sans se manifester à nous de manière visible.

---

1. *Cf.* Augustin, *De Trinitate*, XI, c. 2, 2 – c. 3, 6 ; XIV, c. 3, 5. Parlant dans ces textes des vestiges de la Trinité dans l'homme extérieur, Augustin analyse la « trinité de la perception » : il y distingue la réalité perçue, la vision et l'*intentio* « qui fixe le sens sur l'objet perçu et qui unit l'un à l'autre » (XI, c. 2, 2). C'est la volonté « qui applique le sens à l'objet sensible et tient la vision fixée sur lui… Elle est douée d'une telle force pour unir ces deux éléments que d'une part, pour informer le sens, elle l'applique à la chose vue, et d'autre part, une fois informé, le tient fixé sur elle » (*ibid.*, 5) (trad. P. Agaësse, *B.A.*, 16, p. 165 et 173).

2. *Cf.* Pseudo-Augustin, *De ecclesiasticis dogmatibus*, c. 83, et *supra*, p. 117, note 1.

4. Praeterea, quandocumque unus ab alio docetur, oportet quod addiscens inspiciat conceptus docentis ut hoc modo sit processus in mente discipuli ad scientiam sicut est processus a scientia in mente doctoris; homo autem non potest conceptus angeli videre : non enim videt eos in se ipsis, sicut nec conceptus alterius hominis, immo multo minus utpote magis distantes; nec iterum in signis sensibilibus nisi forte quando sensibiliter apparent, de quo nunc non agitur; ergo angeli alias nos docere non possunt.

5. Praeterea, illius est docere qui « illuminat omnem hominem venientem in hunc mundum » ut patet in glosa Matth. XXIII [8] « Unus est magister vester, Christus »; sed hoc non competit angelo sed soli luci increatae, ut patet Ioh. I [9].

6. Praeterea, quicumque alium docet eum ad veritatem inducit et sic veritatem in anima eius causat; sed solus Deus causalitaten habet supra veritatem quia, cum veritas sit lux intelligibilis et forma simplex, non exit in esse successive et ita non potest produci nisi per

4. De plus, chaque fois que quelqu'un est enseigné par un autre, il faut que celui qui apprend saisisse la pensée de celui qui enseigne de telle sorte que l'esprit du disciple soit conduit à la science selon un processus semblable à celui qui est produit par la science dans l'esprit du maître. Or l'homme ne peut pas voir la pensée d'un ange, car il ne la voit pas en elle-même, pas plus qu'il ne voit celle d'un autre homme; il la voit même beaucoup moins parce que la pensée de l'ange est beaucoup plus éloignée de la sienne. Il ne la voit pas non plus à travers des signes sensibles, si ce n'est dans le cas où les anges lui apparaissent de manière sensible, hypothèse que nous ne considérons pas ici. Donc les anges ne peuvent pas nous instruire autrement.

5. De plus, enseigner appartient à Celui qui « illumine tout homme venant en ce monde », comme le montre la *Glose* sur *Mt* 23, 8 : « Vous n'avez qu'un seul Maître, le Christ » [1]. Or ceci ne s'applique pas à l'ange mais à la seule lumière incréée, comme il ressort de *Jn* 1, 9.

6. De plus, quiconque enseigne quelqu'un d'autre conduit celui-ci à la vérité et cause ainsi la vérité dans son âme. Mais Dieu seul peut être cause de vérité car, comme la vérité est une lumière intelligible et une forme* simple, elle ne vient pas à l'être par étapes successives; elle ne peut ainsi être produite que par création, ce qui

---

1. Cf. *Glossa marginalis super Mt 23, 8*, où l'on peut lire : « Unus est qui illuminat hominem, quod non alius homo, sed tantum exercet docendo, non intellectum praestat », ce qu'on peut paraphraser de la manière suivante : « Un seul (sous-entendu : le Christ) illumine l'homme, ce qu'un autre homme ne peut faire, car en enseignant il ne fait qu'exercer l'esprit et ne lui donne pas l'intelligence ». Saint Thomas se fonde sur ce passage de la *Glose* pour rapprocher de *Mt* 23, 8 le texte de *Jn* 1, 9.

creationem quae soli Deo competit; cum ergo angeli non sint creatores, ut Damascenus dicit, videtur quod ipsi docere non possint.

7. Praeterea, indeficiens illuminatio non potest procedere nisi a lumine indeficienti eo quod abeunte lumine subiectum illuminari desinit; sed in doctrina exigitur indeficiens quaedam illuminatio eo quod scientia de necessariis est quae semper sunt; ergo doctrina non procedit nisi a lumine indeficienti : huiusmodi autem non est lumen angelicum cum eorum lumen deficeret nisi divinitus conservaretur; ergo angelus non potest docere.

8. Praeterea, Ioh. I[38] dicitur quod duo ex discipulis Iohannis sequentes Iesum ei interroganti « Quid quaeritis ? » responderunt « Rabbi, quod dicitur interpretatum Magister, ubi habitas ? », ubi dicit glosa quod « hoc

n'appartient qu'à Dieu seul. Puisque les anges ne sont pas créateurs, comme le dit le Damascène[1], il semble donc qu'ils ne puissent pas eux-mêmes enseigner.

7. De plus, une illumination qui ne cesse jamais ne peut provenir que d'une lumière indéfectible, car si la lumière disparaît le sujet cesse d'être illuminé. Mais l'enseignement exige une illumination qui ne cesse jamais, parce que la science traite des choses nécessaires qui demeurent toujours[2]. Donc l'enseignement ne peut provenir que d'une lumière indéfectible : or telle n'est pas la lumière angélique puisque la lumière des anges disparaîtrait si elle n'était pas conservée par l'action divine. Donc l'ange ne peut pas enseigner.

8. De plus, en *Jn* 1, 38, il est dit que, lorsque Jésus demanda à deux disciples de Jean-Baptiste qui le suivaient : « Que cherchez-vous ? », ceux-ci lui répondirent : « Rabbi, ce qui se traduit par Maître, où demeures-tu ? ». La *Glose* dit ici qu'« en employant

---

1. *Cf.* Jean Damascène, *De fide orthodoxa*, II, c. 3 : « Mais ceux qui prétendent que les anges peuvent être les créateurs des substances, ceux-là sont les porte-parole de leur père, le diable. Les anges sont en effet des créatures, ils ne sont pas des créateurs. Mais le créateur universel, celui qui pourvoit à tout et qui contient toutes choses, c'est Dieu, qui ne peut être créé et qui est loué et glorifié par nos chants, dans le Père, le Fils et le Saint-Esprit ». Saint Thomas se réfère également à ce texte dans *C. Gent.*, II, c. 21, 9, où il montre que Dieu seul peut créer.
2. *Cf.* Aristote, *Anal. post.*, I, c. 33 (88 b 30) : « La science et son objet diffèrent de l'opinion et de son objet, en ce sens que la science est universelle et procède par des propositions nécessaires, et que le nécessaire ne peut pas être autrement qu'il n'est » (trad. J. Tricot, p. 154-155). De même, *Eth. Nic.*, VI, 4 (1140 b 31) : « La science est un jugement qui a pour objets les universaux et les choses qui sont nécessairement ce qu'elles sont » (trad. J. Tricot, p. 288).

nomine fidem suam indicant », et alia glosa dicit
« interrogat eos non ignorans sed ut mercedem habeant
respondendo, et quod quaerenti quid, quod quaerit rem,
non rem sed personam respondent » : ex quibus omnibus
habetur quod confitentur in illa responsione eum esse
personam quandam et quod hac confessione fidem suam
indicant et in hoc merentur ; sed meritum fidei christianae
in hoc consistit quod Christum esse personam divinam
confitemur ; ergo esse magistrum ad solam divinam
personam pertinet.

9. Praeterea, quicumque docet oportet quod
veritatem manifestet ; sed veritas, cum sit quaedam lux
intelligibilis, est magis nobis nota quam angelus ; ergo
per angelum non docemur cum magis nota per minus
nota non manifestentur.

10. Praeterea, Augustinus dicit in libro De Trinitate
quod « mens nostra, nulla interposita creatura, immediate
a Deo formatur » ; angelus autem quaedam creatura est ;
ergo non interponitur inter Deum et mentem humanam

ce nom, ils manifestent leur foi »[1], et une autre *Glose* dit que Jésus « les interroge, non par ignorance, mais pour qu'en répondant ils obtiennent leur récompense, car lorsqu'il leur demande ce qu'ils cherchent, ce qui appelle en réponse une chose, ils ne lui parlent pas d'une chose, mais d'une personne »[2]. Il résulte de tout cela que les disciples, dans cette réponse, confessent que Jésus est une personne et que, par cette confession, ils manifestent leur foi et, par là même, méritent. Or le mérite de la foi chrétienne consiste pour nous à confesser que le Christ est une personne divine. Donc être maître appartient seulement à une personne divine.

9. De plus, quiconque enseigne doit manifester la vérité. Mais, comme la vérité est une lumière intelligible, nous la connaissons mieux que nous ne pouvons connaître un ange. Donc nous ne sommes pas enseignés par un ange, car ce qui est plus connu ne peut être manifesté par ce qui l'est moins.

10. De plus, Augustin dit dans son livre *De la Trinité* que « notre esprit est formé immédiatement par Dieu, sans créature interposée »[3]. Or un ange est une créature. Donc il ne peut s'interposer entre Dieu et l'esprit humain

---

1. Cf. *Glossa interlinearis super Jn 1, 38.*

2. Cf. *Glossa marginalis super Jn 1, 38.*

3. *Cf.* Augustin, *De Trinitate*, III, c. 8, 14, où, parlant de la foi qui est don de Dieu, Augustin écrit : « Dans notre vie elle-même, Dieu seul peut façonner notre esprit en le justifiant, tandis que la prédication extérieure de l'Évangile peut être le fait d'hommes » (trad. M. Mellet et Th. Camelot, *B.A.*, 15, p. 301). Voir aussi *De diversis quaestionibus 83*, q. 51, 2 et surtout 4 : « L'intellect… est formé sans l'intermédiaire d'aucune substance par la Vérité elle-même » (trad. G. Bardy et coll., p. 139). Un thème analogue est repris, en d'autres termes, dans *De libero arbitrio*, II, c. 17, 45-46.

ad eam formandam quasi superior mente et inferior Deo, et sic homo per angelum doceri non potest.

11. Praeterea, sicut affectus noster pertingit usque ad ipsum Deum, ita et intellectus noster usque ad eius essentiam contemplandam pertingere potest; sed ipse Deus immediate affectum nostrum format per gratiae infusionem nullo angelo mediante; ergo et intellectum nostrum format per doctrinam nullo mediante.

12. Praeterea, omnis cognitio est per aliquam speciem; si ergo angelus hominem doceat, oportet quod speciem aliquam in eo causet per quam cognoscat: quod esse non potest nisi vel creando speciem, quod nullo modo angelo competit ut vult Damascenus, vel illuminando species quae sunt in phantasmatibus ut ab his species intelligibiles in intellectu possibili humano resultent, et hoc videtur redire in errorem illorum philosophorum qui ponunt intellectum agentem, cuius

pour former ce dernier, comme étant supérieur à l'esprit humain et inférieur à Dieu. Ainsi l'homme ne peut être enseigné par un ange.

11. De plus, de même que notre volonté peut atteindre Dieu lui-même, de même notre intelligence peut parvenir jusqu'à la contemplation de son essence. Mais c'est Dieu lui-même qui informe immédiatement notre volonté par l'infusion de sa grâce sans la médiation d'aucun ange. Il informe donc aussi notre intelligence par l'enseignement, sans aucun intermédiaire.

12. De plus, toute connaissance s'accomplit par le moyen d'une espèce*. Si donc l'ange enseigne l'homme, il faut qu'il cause en lui une espèce par laquelle celui-ci pourra connaître. Mais cela ne peut se faire que de deux manières : ou bien par la création d'une espèce, ce qui est absolument impossible à l'ange comme le veut le Damascène[1], ou bien par l'illumination des espèces qui viennent de l'imagination, de telle sorte qu'à partir de celles-ci les espèces intelligibles parviennent jusqu'à l'intellect possible* de l'homme, mais cette dernière explication nous fait retomber dans l'erreur de ces philosophes[2] qui affirment que l'intellect agent*, dont le

---

1. *Cf. supra*, p. 183, note 1.
2. Il s'agit principalement ici de l'opinion d'Alfarabi (*De intellectu et intellecto*, f. 69), reprise et développée par Ibn Sina ou Avicenne (*De anima*, V, c. 5), selon lesquels l'intellect humain individuel n'a ni le rôle ni le pouvoir d'abstraire les formes intelligibles des phantasmes qui lui viennent du monde sensible. Toute connaissance intellectuelle appelle donc l'intervention d'une substance séparée, l'Intellect agent qui « est pour l'intellect possible de l'homme, dit Alfarabi, ce que le soleil est pour l'œil, lequel reste vision en puissance tant qu'il est dans les ténèbres ». Sur la gnoséologie d'Alfarabi et celle d'Avicenne, voir H. Corbin, « La philosophie islamique des origines à la mort d'Averroès », dans *Histoire de la Philosophie*, I, p. 1142-1143 et

officium est illuminare phantasmata, esse substantiam separatam, et sic angelus docere non potest.

13. Praeterea, plus distat intellectus angeli ab intellectu hominis quam intellectus hominis ab imaginatione humana; sed imaginatio non potest accipere illud quod est in intellectu humano : non enim imaginatio potest capere nisi formas particulares quales intellectus non continet; ergo nec intellectus humanus est capax eorum quae sunt in mente angelica, et sic homo per angelum doceri non potest.

14. Praeterea, lux qua aliquid illuminatur debet esse illuminatis proportionata sicut lux corporalis coloribus; sed lux angelica, cum sit pure spiritualis, non est pro-portionata phantasmatibus quae sunt quodam modo corporalia utpote organo corporali contenta; ergo angeli non possunt nos docere illuminando nostra phantasmata, ut dicebatur.

15. Praeterea, omne quod cognoscitur aut cognoscitur per essentiam suam aut per similitudinem; sed cognitio qua res cognoscuntur per essentiam suam a mente humana non potest per angelum causari quia sic oporteret quod virtutes et alia quae intra animam continentur ab

rôle est l'illuminer les phantasmes* est une substance*
séparée. Ainsi l'ange ne peut enseigner.

13. De plus, l'intellect angélique diffère davantage
de l'intellect humain que l'intellect humain ne diffère de
l'imagination humaine. Or l'imagination ne peut recevoir
ce qui est dans l'intellect humain, car elle ne peut saisir
que des formes* particulières et l'intellect humain n'en
contient pas. L'intellect humain n'est donc pas non plus
capable de recevoir ce qui se trouve dans l'esprit de
l'ange. Ainsi l'homme ne peut être enseigné par l'ange.

14. De plus, la lumière par laquelle quelque chose est
illuminé doit être proportionnée à ce qu'elle illumine,
comme la lumière corporelle l'est aux couleurs. Or la
lumière angélique, parce qu'elle est purement spirituelle,
n'est pas proportionnée aux phantasmes* qui sont en
quelque manière des réalités corporelles en tant que
contenus dans un organe corporel. Donc les anges ne
peuvent pas nous enseigner en illuminant nos phantasmes,
comme on l'avait dit précédemment[1].

15. De plus, tout ce qui est connu l'est, ou bien par
son essence, ou bien par similitude*. Or la connaissance
selon laquelle l'esprit humain connaît les choses par leur
essence ne peut être causée par l'ange : dans ce cas, il
faudrait en effet que les vertus et les autres choses qui
sont contenues dans l'âme y soient imprimées par les

1148-1150. Comme l'a noté Ét. Gilson, « c'est par Avicenne que
le Moyen Âge a pris connaissance de la doctrine, si déconcertante
pour des chrétiens, de l'unité de l'Intelligence agente, source des
connaissances intellectuelles de tout le genre humain » (*La philosophie
au Moyen Âge*, p. 352). Dans *C. Gent.*, II, c. 76, saint Thomas attribue
également à Alexandre d'Aphrodise cette doctrine de l'unicité de
l'intellect agent.
    1. *Cf. supra*, obj. 12 et p. 187, note 2.

ipsis angelis imprimerentur cum talia per sui essentiam cognoscantur; similiter nec per eos causari potest cognitio rerum quae per suas similitudines cognoscuntur, cum ipsis similitudinibus quae sunt in cognoscente propinquiores sint res cognoscendae quam angelus; ergo nullo modo angelus homini potest esse cognitionis causa, quod est docere.

16. Praeterea, agricola, quamvis exterius naturam excitet ad naturales effectus, non tamen dicitur creator, ut per Augustinum patet Super Genesim ad litteram; ergo pari ratione nec angeli debent dici doctores vel magistri quamvis intellectum hominis excitent ad sciendum.

17. Praeterea, cum angelus sit homine superior, si docet oportet quod eius doctrina doctrinam humanam excellat; sed hoc esse non potest : homo enim docere potest de his quae habent causas determinatas in natura, alia vero, utpote futura contingentia, ab angelis doceri

anges eux-mêmes, puisque de telles choses sont connues par leur essence. La connaissance des choses par leurs similitudes ne peut être davantage causée par les anges, car les choses qu'il s'agit de connaître sont plus proches que l'ange des similitudes qui sont dans le sujet connaissant. Donc l'ange ne peut en aucune façon être, en l'homme, cause de connaissance, c'est-à-dire l'enseigner.

16. De plus, bien qu'il stimule de l'extérieur la nature pour que soient produits les effets naturels, l'agriculteur n'est pas appelé pour autant créateur, comme le montre Augustin dans son livre sur *La Genèse au sens littéral*[1]. Donc, pour une raison semblable, les anges non plus ne peuvent être appelés docteurs ou maîtres, bien qu'ils stimulent l'intellect de l'homme à acquérir la science.

17. De plus, puisque l'ange est supérieur à l'homme, s'il enseigne, il faut que son enseignement surpasse l'enseignement humain. Mais cela est impossible : l'enseignement de l'homme a en effet pour objet ce qui a des causes déterminées dans la nature. Quant aux autres choses, en tant que futurs contingents, elles ne peuvent être enseignées par les anges parce que ceux-ci

1. *Cf.* Augustin, *De Genesi ad litteram*, VIII, c. 8, 16, et surtout IX, c. 15, 26-27, où, à propos de la création de la femme, l'évêque d'Hippone rappelle que « les anges ne peuvent absolument pas créer une nature : le seul créateur de quelque nature que ce soit, grande ou petite, est Dieu, c'est-à-dire la Trinité même, Père, Fils et Saint-Esprit ». Quelques lignes plus loin, cependant, Augustin ajoute : « Ce n'est pas que l'action des anges n'intervienne dans la création d'un être, mais ils n'en sont pas pour autant les créateurs : nous ne disons pas non plus que les cultivateurs sont les créateurs des moissons et des arbres… C'est l'œuvre du cultivateur de détacher de l'arbre une jeune branche et de la planter en terre ; mais ce n'est pas son œuvre de la remplir de sève, d'en développer le germe… : c'est l'œuvre de celui qui donne la croissance » (trad. P. Agaësse, A. Solignac, *B.A.*, 49, p. 129 et 131).

non possunt cum ipsi naturali cognitione eorum sint ignari, solo Deo talium futurorum scientiam habente; ergo angeli docere non possunt homines.

SED CONTRA est quod dicit Dionysius IV cap. Caelestis hierarchiae « Video quia divinum Christi humanitatis mysterium angeli primum docuere, deinde per ipsos in nos scientiae gratia descendit ».

2. Praeterea, « quod potest inferior potest et superior » et multo nobilius, ut patet per Dionysium in Caelesti hierarchia; sed hominum ordo est inferior quam ordo angelorum; cum ergo homo possit hominem docere, multo fortius hoc angelus potest.

3. Praeterea, ordo divinae sapientiae perfectius invenitur in spiritualibus substantiis quam etiam in corporalibus; sed ad ordinem inferiorum corporum hoc pertinet ut inferiora corpora perfectiones suas consequantur ex impressione corporum superiorum; ergo etiam

ne peuvent eux-mêmes les connaître d'une connaissance naturelle, Dieu seul possédant la science des choses à venir. Les anges ne peuvent donc enseigner les hommes.

CEPENDANT :

1. Denys dit, au chapitre IV de *La Hiérarchie céleste* : « Je constate que ce sont les anges qui ont d'abord annoncé le mystère de l'humanité du Christ, et c'est par eux que la grâce de cette connaissance est ensuite descendue en nous » [1].

2. De plus, « ce que l'inférieur peut faire, le supérieur peut le faire aussi », et d'une manière beaucoup plus noble, comme le montre Denys dans *La Hiérarchie céleste* [2]. Mais l'ordre des hommes est inférieur à l'ordre des anges. Puisque l'homme peut enseigner un autre homme, à beaucoup plus forte raison l'ange peut-il donc le faire.

3. De plus, l'ordre de la sagesse divine se trouve d'une manière plus parfaite dans les substances* spirituelles que dans les substances corporelles. Mais il appartient à l'ordre des corps inférieurs que ceux-ci parviennent à leur perfection grâce à l'influence qu'exercent sur eux les corps supérieurs [3]. Les esprits

---

1. *Cf.* Pseudo-Denys l'Aréopagite, *De coelesti hierarchia*, c. 4, 4, selon la version d'Érigène : voir *Dionysiaca*, p. 814.
2. *Cf.* Pseudo-Denys l'Aréopagite, *De coelesti hierarchia*, c. 12. La même formule est attribuée à Boèce par saint Thomas dans *De veritate*, q. 2, a. 6, obj. 4.
3. A la suite d'Aristote, saint Thomas pense en effet que les corps célestes exercent leur action sur le monde sublunaire. Mais il prend soin de préciser que les corps célestes n'agissent ainsi qu'en tant que causes secondes, et qu'ils ne peuvent avoir sur les actes humains qu'une influence tout à fait indirecte et accidentelle. Voir à ce sujet *De*

inferiores spiritus, scilicet humani, perfectionem scientiae assequuntur ex impressione superiorum spirituum, scilicet angelorum.

4. Praeterea, omne quod est in potentia reduci potest in actum per id quod est in actu, et quod est minus in actu per id quod est in actu perfectius; sed intellectus angelicus est magis in actu quam intellectus humanus; ergo intellectus humanus potest reduci in actum scientiae per intellectum angelicum, et sic angelus hominem docere potest.

5. Praeterea, Augustinus dicit in libro De bono perseverantiae quod doctrinam salutis quidam a Deo accipiunt immediate, quidam ab angelo, quidam vero ab homine; ergo non solus Deus sed et angelus et homo docet.

6. Praeterea, illuminare domum dicitur et immittens lumen sicut sol et aperiens fenestram quae lumini obstat; sed quamvis solus Deus lumen veritatis menti infundat, tamen angelus vel homo potest aliquod impedimentum

inférieurs, à savoir les esprits humains, parviennent donc à la perfection de la science grâce à l'influence qu'exercent sur eux les esprits supérieurs, c'est-à-dire les anges.

4. De plus, tout ce qui est en puissance* peut être amené à l'acte* par ce qui est en acte, et ce qui est moins parfaitement en acte par ce qui est plus parfaitement en acte. Mais l'intelligence angélique est plus parfaitement en acte que l'intelligence humaine. Donc l'intelligence humaine peut être amenée à l'acte du savoir par l'intelligence angélique, et ainsi l'ange peut enseigner l'homme.

5. De plus, Augustin dit, dans son livre *Sur le don de la persévérance*[1], que certains reçoivent immédiatement de Dieu la doctrine du salut, d'autres la reçoivent de l'ange, d'autres encore de l'homme. Donc ce n'est pas seulement Dieu qui enseigne, mais aussi l'ange et l'homme.

6. De plus, illuminer la maison peut se dire, soit de ce qui donne la lumière comme le soleil, soit de celui qui ouvre la fenêtre faisant obstacle à la lumière[2]. Mais, bien que Dieu seul puisse infuser la lumière de vérité dans l'esprit, l'ange ou l'homme peuvent cependant

---

Veritate, q. 5, a. 9-10 ; *ST* I, q. 115, a. 3-4, et aussi, pour un exposé plus approfondi de cette question, Th. Litt, *Les corps célestes dans l'univers de saint Thomas d'Aquin*, p. 110-199.

1. *Cf.* Augustin, *De dono perseverantiae*, c. 19, 48 : « Ils (Cyprien et Ambroise) prêchaient parce qu'ils savaient qu'il a été donné à très peu de personnes de recevoir la doctrine du salut sans l'entremise d'un enseignement humain, par révélation directe de Dieu ou des anges du ciel, et qu'au contraire il a été donné à beaucoup de croire en Dieu par le ministère des hommes » (trad. J. Chené, J. Pintard, p. 721).

2. Cette comparaison est empruntée à Augustin, *Enarratio in Psalmum 118, sermo 18*.

luminis percipiendi amovere; ergo non solum Deus sed angelus vel homo docere potest.

RESPONSIO. Dicendum quod angelus circa hominem dupliciter operatur : uno modo secundum modum nostrum, quando scilicet homini sensibiliter apparet vel corpus assumendo vel quocumque alio modo et eum per locutionem sensibilem instruit, et sic nunc non quaerimus de angeli doctrina : hoc enim modo non aliter angelus quam homo docet; alio modo circa nos angelus operatur per modum suum, scilicet invisibiliter, et secundum hunc modum qualiter homo ab angelo possit doceri huius quaestionis intentio est. Sciendum est igitur quod, cum angelus medius sit inter hominem et Deum, secundum ordinem naturae medius modus docendi sibi competit, inferior quidem Deo sed superior homine; quod qualiter sit verum percipi non potest nisi videatur qualiter docet Deus et qualiter homo. Ad cuius evidentiam sciendum est quod inter intellectum et corporalem visum haec est differentia quod visui corporali omnia sua objecta aequaliter sunt propinqua ad cognoscendum :

écarter quelque chose qui fait obstacle à la perception de cette lumière. Donc non seulement Dieu, mais l'ange ou l'homme peuvent enseigner.

RÉPONSE :

On doit répondre en disant que l'ange agit de deux manières à l'égard de l'homme. Il agit d'une première manière selon le mode qui nous est propre, à savoir quand il apparaît à l'homme sous une forme sensible, soit en assumant un corps soit de quelqu'autre façon, et qu'il enseigne l'homme par le moyen d'une parole sensible ; mais nous ne nous occupons pas maintenant de cette manière dont l'ange peut enseigner car, dans ce cas, il n'enseigne pas autrement que l'homme. L'ange peut agir d'une autre manière, selon le mode qui lui appartient en propre c'est-à-dire de façon invisible, et l'objet de cette question est alors de savoir comment, dans ce cas, l'homme peut être enseigné par un ange.

Il faut savoir pour cela que, puisque l'ange est dans un état intermédiaire entre l'homme et Dieu, l'ordre de la nature requiert qu'il dispose d'un mode d'enseigner intermédiaire, inférieur à celui de Dieu mais supérieur à celui de l'homme. Comment cela peut-il être vrai ? On ne peut le comprendre qu'en voyant comment Dieu enseigne et comment l'homme enseigne. Pour percevoir l'évidence de la chose, il faut savoir qu'il y a entre l'intelligence et la vision corporelle la différence suivante[1] : dans la vision corporelle, tous les objets sont dans une égale proximité du point de vue de la connaissance,

---

1. Sur la différence entre la vision corporelle et l'intelligence, voir *supra*, a. 1, ad 12, p. 153-157.

sensus enim non est vis collativa ut ex uno obiectorum suorum necesse habeat pervenire in aliud; sed intellectui non omnia intelligibilia aequaliter vicina sunt ad cognoscendum, sed quaedam statim conspicere potest, quaedam vero non conspicit nisi ex aliis prius inspectis. Sic igitur homo ignotorum cognitionem per duo accipit : scilicet per lumen intellectuale et per primas conceptiones per se notas quae comparantur ad istud lumen quod est intellectus agentis sicut instrumenta ad artificem.

Quantum igitur ad utrumque Deus hominis scientiae causa est excellentissimo modo quia et ipsam animam intellectuali lumine insignivit et notitiam primorum principiorum ei impressit quae sunt quasi seminaria scientiarum, sicut et aliis rebus naturalibus impressit seminales rationes omnium effectuum producendorum.

Homo autem, quia secundum ordinem naturae alteri homini par est in specie intellectualis luminis, nullo modo potest alteri homini causa scientiae existere in eo lumen causando vel augendo; sed ex parte illa qua

car le sens n'est pas une puissance douée d'un pouvoir de synthèse tel que, partant d'un des objets qu'il considère, il doive nécessairement en atteindre un autre. Pour l'intelligence, en revanche, les choses intelligibles ne sont pas toutes dans une égale proximité du point de vue de la connaissance, car l'intellect peut voir instantanément certaines d'entre elles, mais il y en a d'autres qu'il ne peut voir qu'à partir de celles qui ont été vues antérieurement. Ainsi donc l'homme prend connaissance de ce qu'il ignore par deux moyens, à savoir par la lumière intellectuelle et par les premières conceptions évidentes, et celles-ci sont à cette lumière qui est celle de l'intellect agent* ce que les instruments sont à l'artisan [1].

Qu'il s'agisse donc de l'un et l'autre de ces deux moyens, Dieu est cause d'une manière suréminente de la science de l'homme, parce que c'est lui qui a doté l'âme elle-même de la lumière intellectuelle, et c'est lui qui a imprimé en elle la connaissance des premiers principes qui sont en quelque sorte les semences du savoir, comme il a imprimé également dans les autres choses de la nature les raisons séminales* de tous les effets qu'elles doivent produire.

Mais un homme, selon l'ordre de la nature, étant égal à un autre homme pour ce qui est de la lumière intellectuelle, il ne peut en aucune façon être cause de la science d'un autre homme en produisant ou en augmentant en lui cette lumière. Cependant, du fait que

---

1. Cf. *De veritate*, q. 10, a. 13, c. : « Les premiers principes de la démonstration, comme le dit le Commentateur au livre III de son traité *De l'âme*, sont en nous comme les instruments de l'intellect agent dont la lumière donne sa force à notre raison naturelle ». La référence au « Commentateur » correspond à Averroès, *De anima*, III, comm. 36.

scientia ignotorum per principia per se nota causatur, alteri homini causa sciendi quodam modo existit, non sicut notitiam principiorum tradens sed sicut id quod implicite et quodam modo in potentia in principiis continebatur educendo in actum per quaedam signa sensibilia exteriori sensui ostensa, sicut supra dictum est.

Angelus vero, quia naturaliter habet lumen intellectuale perfectius quam homo, ex utraque parte potest homini esse causa sciendi, tamen inferiori modo quam Deus et superiori quam homo. Ex parte enim luminis, quamvis non possit intellectuale lumen infundere ut Deus facit, potest tamen lumen infusum confortare ad perfectius inspiciendum : omne enim quod est in aliquo genere imperfectum, quando continuatur perfectiori in genere illo magis confortatur virtus eius, sicut etiam videmus in corporibus quod corpus locatum confortatur per corpus locans quod comparatur ad ipsum ut actus ad potentiam, ut habetur in IV Physicorum. Ex parte

la science de ce qui n'est pas connu est causée par les principes évidents, l'homme est d'une certaine manière la cause du savoir d'un autre homme, non pas en tant qu'il lui donne la connaissance des premiers principes, mais en tant qu'il fait passer à l'acte* ce qui était contenu implicitement et en quelque sorte en puissance* dans les principes, par le moyen de signes sensibles présentés aux sens externes, comme on l'a dit plus haut[1].

Quant à l'ange qui dispose par nature d'une lumière intellectuelle plus parfaite que celle de l'homme, il peut être cause du savoir de l'homme des deux manières indiquées, mais selon un mode inférieur à celui qui appartient à Dieu et supérieur à celui qui appartient à l'homme. D'une part, en ce qui concerne la lumière, bien qu'il ne puisse infuser la lumière intellectuelle comme Dieu le fait, il peut toutefois donner plus de force à cette lumière infuse de telle sorte que l'homme puisse voir plus parfaitement; en effet, tout ce qui est imparfait dans un genre donné, lorsqu'il est uni à quelque chose de plus parfait dans le même genre, reçoit un accroissement de sa force, comme nous le voyons même chez les êtres corporels où le corps qui est localisé est fortifié par le corps qui le localise : celui-ci est à celui-là comme l'acte* est à la puissance*, ainsi qu'il est dit au livre IV de la *Physique*[2]. En ce qui concerne d'autre part les

---

1. *Cf. supra*, a. 1, c. et ad 2, ad 5, ad 11, ad 14. C'est dans l'article 1, en effet, qu'est discutée dans son ensemble la question de savoir si l'homme peut être appelé maître : le terme de maître appliqué à l'homme est justifié aux yeux de saint Thomas par le fait que l'homme est capable de faire passer à l'acte de connaître, chez le disciple, ce qui n'était encore que puissance de connaître.

2. *Cf.* Aristote, *Phys.*, IV, 5 (213 a 1-11), qu'éclaire le commentaire d'Averroès, *Phys.*, comm. 49.

etiam principiorum potest angelus hominem docere, non quidem ipsorum principiorum notitiam tradendo ut Deus facit, neque deductionem conclusionum ex principiis sub signis sensibilibus proponendo ut homo facit, sed in imaginatione aliquas formas formando quae formari possunt ex commotione organi corporalis, sicut patet in dormientibus et mente captis qui secundum diversitatem fumositatum ad caput ascendentium diversa phantasmata patiuntur. Et hoc modo « commixtione alterius spiritus fieri potest ut ea quae ipse angelus scit, per imagines huiusmodi ei cui immiscetur, ostendat », ut Augustinus dicit XII Super Genesim ad litteram.

principes, un ange peut enseigner un homme, non pas en lui procurant la connaissance des principes comme Dieu le fait, ni en lui montrant à l'aide de signes visibles comment on passe, par déduction, des principes aux conclusions comme l'homme le fait, mais en formant, dans l'imagination, des espèces* qui peuvent y être formées par la stimulation d'un organe corporel : c'est ce qui se produit chez ceux qui dorment ou chez ceux dont l'esprit est dérangé, lesquels sont éprouvés par différents phantasmes* selon la diversité des vapeurs qui leur montent à la tête [1]. Et de cette manière, « par l'union avec un autre esprit, il peut arriver que ce que l'ange lui-même connaît, il le fasse connaître par des images de cette sorte à celui à qui il est uni », comme le dit Augustin au livre XII de son traité sur *La Genèse au sens littéral* [2].

---

1. Cette référence au rêve et aux dérangements mentaux nous éclaire sur la relation que pourrait avoir avec la réalité une image produite par un ange dans les conditions indiquées ici par saint Thomas. Comme celui-ci l'écrit dans *ST* I, q. 111, a. 3, ad 2, « l'ange agit sur l'imagination, non pas en y imprimant des formes imaginaires qui ne seraient pas passées auparavant par les sens (il ne pourrait pas par exemple faire imaginer les couleurs à un aveugle de naissance), mais il agit en exerçant un mouvement local sur les esprits et les humeurs ». Dans le corps de ce même article, pour justifier ces explications, saint Thomas renvoie à Aristote, *De insomniis*, II, c. 3 (461 b 11).

2. *Cf.* Augustin, *De Genesi ad litteram*, XII, 12, 26. Saint Thomas reprend ce thème de l'action des anges sur les hommes dans *ST* I, q. 111, a. 1. Cette action, explique-t-il, fait partie de l'ordre de la Providence qui soumet les créatures inférieures aux actions des créatures supérieures : il est donc normal que les hommes, inférieurs aux anges, soient illuminés par eux.

1. Ad primum igitur dicendum quod angelus invisibiliter docens docet quidem interius per comparationem ad doctrinam hominis qui sensibus exterioribus doctrinam proponit, sed per comparationem ad doctrinam Dei, qui intra mentem operatur lumen infundendo, doctrina angeli exterior reputatur.

2. Ad secundum dicendum quod, quamvis intentio voluntatis cogi non possit, tamen intentio sensitivae partis cogi potest, sicut cum quis pungitur, necesse habet intendere ad laesionem; et ita est etiam de omnibus aliis virtutibus sensitivis quae utuntur organo corporali; et talis intentio sufficit ad imaginationem.

3. Ad tertium dicendum quod angelus nec lumen gratiae infundit nec lumen naturae, sed lumen naturae divinitus infusum confortat, ut dictum est.

4. Ad quartum dicendum quod, sicut in naturalibus est agens univocum quod eodem modo imprimit formam sicut eam habet, et agens aequivocum quod alio modo habet quam imprimat, ita etiam est et de doctrina quia homo docet hominem quasi univocum agens; unde per

RÉPONSE AUX OBJECTIONS :

1. A la première objection, on doit répondre que l'ange qui enseigne d'une manière invisible enseigne effectivement de l'intérieur, si l'on compare son enseignement à celui de l'homme qui enseigne par l'intermédiaire des sens externes. Mais, si on le compare à l'enseignement donné par Dieu qui agit au-dedans de l'esprit en y infusant la lumière, l'enseignement de l'ange doit être considéré comme donné de l'extérieur.

2. A la seconde objection, on doit répondre que, quoique l'intention* de la volonté ne puisse être soumise à la contrainte, celle de la partie sensitive peut cependant l'être, comme il arrive lorsque quelqu'un est frappé et qu'il tourne nécessairement son attention vers sa blessure. Il en va de même pour toutes les puissances sensitives* qui se servent d'un organe corporel, et une telle intention est suffisante pour l'imagination.

3. A la troisième objection, on doit répondre que l'ange n'infuse ni la lumière de la grâce ni celle de la nature, mais qu'il conforte la lumière de la nature infusée par Dieu, comme on l'a dit plus haut.

4. A la quatrième objection, on doit répondre de la manière suivante : de même que l'on distingue, dans les choses naturelles, l'agent univoque qui imprime la forme de la manière même dont il la possède, et l'agent équivoque qui l'imprime selon un mode différent de celui dont il la possède [1], de même en est-il de l'enseignement, parce qu'un homme enseigne un autre homme à la manière d'un agent univoque ; c'est la raison pour laquelle

1. *Cf.* Vocabulaire : Agents univoques et agents équivoques.

illum modum scientiam alteri tradit quo ipse eam habet, scilicet deducendo causas in causata; unde oportet quod ipsi conceptus docentis patefiant per aliqua signa discenti. Sed angelus docet quasi agens aequivocum : ipse enim intellectualiter cognoscit quod homini per viam rationis manifestatur; unde non hoc modo homo ab angelo docetur quod angeli conceptus homini patefiant, sed quia in homine scientia causatur secundum suum modum earum rerum quas angelus longe alio modo cognoscit.

5. Ad quintum dicendum quod Dominus loquitur de illo modo doctrinae qui soli Deo competit, ut patet per glosam ibidem; et hunc modum docendi angelo non adscribimus.

6. Ad sextum dicendum quod ille qui docet non causat veritatem sed causat cognitionem veritatis in discente : propositiones enim quae docentur sunt verae etiam antequam sciantur quia veritas non dependet a scientia nostra sed ab existentia rerum.

7. Ad septimum dicendum quod, quamvis scientia quae a nobis acquiritur per doctrinam sit de rebus indeficientibus, tamen ipsa scientia deficere potest; unde non oportet quod illuminatio doctrinae sit a lumine indeficienti; vel si est a lumine indeficienti sicut a primo principio,

il communique la science à un autre de la manière dont lui-même la possède, c'est-à-dire en passant par voie déductive des causes à leurs effets : aussi faut-il que cela même que conçoit celui qui enseigne soit manifesté par des signes à celui qui est enseigné. Mais l'ange enseigne à la manière d'un agent équivoque : lui-même connaît en effet par intuition intellectuelle ce qui est manifesté à l'homme par la voie du raisonnement. De là vient que l'homme n'est pas enseigné par l'ange de telle façon que la pensée de l'ange soit manifestée à l'homme, mais que soit causée en l'homme, selon le mode qui lui est propre, la science des choses que l'ange connaît d'une manière tout à fait différente.

5. A la cinquième objection, on doit répondre que le Seigneur parle ici de ce mode d'enseignement qui n'appartient qu'à Dieu, comme il ressort de ce que dit la *Glose* dans le passage cité. Mais nous n'attribuons pas ce mode d'enseignement à l'ange.

6. A la sixième objection, on doit répondre que celui qui enseigne n'est pas la cause de la vérité, mais qu'il est la cause de la connaissance de la vérité en celui qui est enseigné. En effet, les propositions qui sont enseignées sont vraies avant même qu'elles ne soient connues, parce que la vérité ne dépend pas de la connaissance que nous en avons, mais de l'existence des choses.

7. A la septième objection, on doit répondre que, quoique la science que nous acquérons par l'enseignement se rapporte à des choses indéfectibles, cette science elle-même peut cependant nous manquer. C'est pourquoi il n'est pas nécessaire que l'illumination de l'enseignement provienne d'une lumière indéfectible ; ou, si elle provient d'une lumière indéfectible comme d'un premier principe,

non tamen excluditur omnino lumen creatum defectibile quin possit esse sicut principium medium.

8. Ad octavum dicendum quod in discipulis Christi notatur quidam fidei profectus ut primo eum venerarentur quasi hominem sapientem et magistrum et postea ei intenderent quasi Deo docenti; unde quaedam glosa parum infra dicit « Quia cognovit Nathanael Christum absentem vidisse quae ipse in alio loco gesserat, quod est indicium deitatis, fatetur non solum magistrum sed et Dei Filium ».

9. Ad nonum dicendum quod angelus non manifestat veritatem ignotam per hoc quod substantiam suam demonstret, sed aliam veritatem magis notam proponendo vel etiam lumen intellectus confortando, unde ratio non sequitur.

10. Ad decimum dicendum quod intentio Augustini non est dicere quin mens angelica sit excellentioris naturae quam mens humana, sed quia non ita cadit angelus medius inter Deum et mentem humanam ut mens humana per coniunctionem ad angelum ultima formatione formetur; ut quidam posuerunt quod in hoc consistit ultima hominis beatitudo quod intellectus noster intelligentiae continuetur cuius beatitudo est in hoc quod continuatur ipsi Deo.

cela n'exclut cependant pas entièrement qu'une lumière créée et défectible ne puisse exister comme principe intermédiaire.

8. A la huitième objection, on doit répondre que l'on observe chez les disciples du Christ un certain progrès dans la foi, de telle sorte qu'ils le vénèrent d'abord comme un homme sage et un maître et que par la suite ils se tournent vers lui comme vers un Dieu qui les enseigne. C'est la raison pour laquelle la *Glose* dit un peu plus loin : « Parce que Nathanaël a su que le Christ, bien qu'absent, avait vu ce qu'il avait fait en un autre endroit, ce qui est un signe de divinité, il ne reconnaît pas le Christ seulement comme un maître, mais aussi comme le Fils de Dieu »[1].

9. A la neuvième objection, on doit répondre que l'ange ne manifeste pas une vérité ignorée en faisant voir sa propre substance*, mais en proposant une vérité plus connue, ou même en confortant la lumière de l'intellect. C'est pourquoi l'objection ne prouve rien.

10. A la dixième objection, on doit répondre que l'intention d'Augustin n'est pas de nier que l'esprit de l'ange soit d'une nature supérieure à celle de l'esprit humain, mais qu'elle est de dire que l'ange ne s'interpose pas entre Dieu et l'esprit humain de telle sorte que l'esprit humain reçoive sa forme* ultime grâce à son union avec un ange : certains ont affirmé, en effet, que l'ultime béatitude de l'homme consiste dans l'union de notre intellect à une intelligence dont la béatitude est d'être unie à Dieu lui-même[2].

---

1. Cf. *Glossa marginalis super Jn 1, 49*.
2. Il s'agit, semble-t-il, de certains commentateurs d'Aristote, grecs ou arabes, selon lesquels la fin de la vie humaine consistait en ce que l'esprit de l'homme soit uni à une intelligence supérieure, intermédiaire

11. Ad undecimum dicendum quod in nobis sunt quaedam vires quae coguntur ex subiecto et obiecto, sicut vires sensitivae quae excitantur et per commotionen organi et per fortitudinem obiecti. Intellectus vero non cogitur ex subiecto cum non utatur organo corporali, sed cogitur ex obiecto quia ex efficacia demonstrationis cogitur quis conclusioni consentire; affectus vero neque ex subiecto neque ex obiecto cogitur sed proprio instinctu movetur in hoc vel illud. Unde in affectum non potest imprimere nisi Deus qui interius operatur; sed in intellectum potest imprimere quodam modo etiam homo vel angelus repraesentando obiecta quibus intellectus cogatur.

12. Ad duodecimum dicendum quod angelus neque creat species in mente nostra, neque immediate phantasmata illuminat; sed per continuationem luminis

11. A la onzième objection, on doit répondre qu'il y a en nous des facultés qui sont déterminées à la fois par le sujet et par l'objet, comme le sont les puissances sensitives* stimulées à la fois par le mouvement de l'organe et par la force de l'objet. L'intelligence, quant à elle, n'est pas déterminée par le sujet puisqu'elle n'use d'aucun organe corporel [1], mais elle est déterminée par son objet car c'est par la force efficace de la démonstration que l'on est contraint à accepter une conclusion; la volonté, en revanche, n'est déterminée ni par le sujet ni par l'objet, mais c'est par sa propre inclination qu'elle se meut vers une chose ou vers une autre. De là vient que personne ne peut faire pression sur la volonté, à l'exception de Dieu qui agit intérieurement; mais même un homme ou un ange peut agir d'une certaine manière sur l'intellect en lui représentant des objets par lesquels il est déterminé.

12. A la douzième objection, on doit répondre que l'ange ne crée pas d'espèces* dans notre esprit et qu'il n'illumine pas non plus immédiatement nos phantasmes*; mais, grâce à l'union de sa lumière avec la lumière de

entre Dieu et les hommes. Saint Thomas reviendra sur les théories de ces philosophes, liées d'une façon étroite à leurs idées concernant l'unicité de l'intellect agent, dans plusieurs autres questions du *De veritate* : voir, par exemple, q. 12, a. 6, obj. 6-7, et surtout q. 18, a. 5, ad 8, où il examine les opinions d'Alexandre d'Aphrodise, de Themistius, d'Avempace et d'Averroès (*De anima*, III, comm. 36).

1. *Cf.* Aristote, *De anima*, III, 4 (429 a-b) : « L'intellect doit nécessairement être sans mélange ... Il n'est pas raisonnable d'admettre que l'intellect soit mêlé au corps... La faculté sensible, en effet, n'existe pas indépendamment du corps, tandis, tandis que l'intellect en est séparé » (trad. J. Tricot, p. 174-176). De même saint Thomas, *De veritate*, q. 18, a. 8, obj. 2 : « L'intellect est une puissance qui n'utilise pas d'organe corporel ».

eius cum lumine intellectus nostri noster intellectus potest efficacius phantasmata illustrare. Et tamen si etiam immediate phantasmata illustraret, non propter hoc sequeretur quod positio illorum philosophorum esset vera : quamvis enim intellectus agentis sit illustrare phantasmata, posset tamen dici quod non eius solius.

13. Ad tertium decimum dicendum quod imaginatio potest accipere ea quae sunt in intellectu humano sed per alium modum, et similiter intellectus humanus potest capere quae sunt in intellectu angelico suo modo; sed tamen, quamvis intellectus hominis magis conveniat cum imaginatione subiecto in quantum sunt unius animae potentiae, tamen cum intellectu angelico magis convenit genere quia uterque est immaterialis virtus.

14. Ad quartum decimum dicendum quod spirituale nihil prohibet esse proportionatum ad hoc quod in corporale agat quia nihil prohibet quod inferiora a superioribus patiantur.

15. Ad quintum decimum dicendum quod angelus non est causa homini quantum ad illam cognitionem qua cognoscit res per essentiam, sed quantum ad illam qua cognoscit per similitudines; non quod angelus sit propinquior rebus quam earum similitudines, sed in quantum facit rerum similitudines in mente resultare

notre intellect, ce dernier peut éclairer plus efficacement nos phantasmes. Même si d'ailleurs l'ange éclairait immédiatement nos phantasmes, il ne s'ensuivrait pas pour autant que l'affirmation des philosophes dont il est question fût vraie : bien que ce soit le propre de l'intellect agent*, en effet, d'éclairer les phantasmes, on pourrait dire cependant que cela n'appartient pas qu'à lui seul.

13. A la treizième objection, on doit répondre que l'imagination peut recevoir ce qui est dans d'intellect humain, mais selon un autre mode, et que l'intellect humain peut pareillement recevoir ce qui est dans l'intellect angélique selon son mode propre. Mais, bien que l'intellect de l'homme soit plus proche de l'imagination du point de vue du sujet, puisque ce sont là des puissances d'une même âme, néanmoins l'intellect humain est plus proche de l'intellect angélique du point de vue du genre, parce que l'un et l'autre sont des puissances immatérielles.

14. A la quatorzième objection, on doit répondre que rien n'empêche quelque chose de spirituel d'être proportionné à agir sur ce qui est corporel, car rien n'empêche que les choses inférieures soient soumises à l'action des choses supérieures.

15. A la quinzième objection, on doit répondre que l'ange n'est pas la cause, pour l'homme, de cette connaissance qui lui fait connaître les choses par leur essence, mais de celle qui les lui fait connaître par similitudes* ; non pas que l'ange soit plus proche des choses que ne le sont leurs similitudes, mais parce qu'il fait apparaître les similitudes des choses dans l'esprit,

vel movendo imaginationem vel lumen intellectus confortando.

16. Ad sextum decimum dicendum quod creare importat causalitatem primam quae soli Deo debetur, facere vero importat causalitatem communiter, et similiter docere quantum ad scientiam; et ideo solus Deus dicitur creator, sed factor et doctor potest dici et Deus et angelus et homo.

17. Ad septimum decimum dicendum quod etiam de his quae habent causas determinatas in natura potest plura docere angelus quam homo, sicut et plura cognoscit; et ea etiam quae docet nobiliori modo docere, unde ratio non sequitur.

soit en mettant l'imagination en mouvement, soit en confortant la lumière de l'intellect.

16. A la seizième objection, on doit répondre que créer implique la causalité première, laquelle ne peut être attribuée qu'à Dieu; faire, en revanche, implique la causalité en général, et de même enseigner en ce qui concerne la science. C'est pourquoi Dieu seul est appelé créateur, mais artisan et maître peuvent se dire à la fois de Dieu, de l'ange et de l'homme.

17. A la dix-septième objection, on doit répondre que, même à propos des choses qui ont des causes déterminées dans la nature, l'ange peut enseigner plus que l'homme, étant donné qu'il connaît davantage; et en outre, ce qu'il enseigne, il l'enseigne selon un mode plus élevé. C'est pourquoi l'objection ne prouve rien.

Quarto quaeritur utrum docere sit actus vitae activae vel contemplativae. Et videtur quod sit actus contemplativae, « vita enim activa cum corpore deficit », ut Gregorius dicit Super Ezechielem; sed docere non deficit cum corpore quia etiam angeli qui corpore carent docent, ut dictum est; ergo videtur quod docere ad vitam contemplativam pertineat.

2. Praeterea, sicut dicit Gregorius Super Ezechielem, « ante activa vita agitur ut ad contemplativam postea veniatur »; sed doctrina sequitur contemplationem, non praecedit; ergo docere non pertinet ad vitam activam.

**L'enseignement est-il un acte de la vie active
ou de la vie contemplative ?** [1]

On se demande en quatrième lieu si l'enseignement est un acte de la vie active ou de la vie contemplative. Il semble que ce soit un acte de la vie contemplative :

1. « La vie active cesse en effet avec le corps », comme le dit Grégoire dans son *Commentaire sur Ézéchiel*[2]. Mais l'enseignement ne cesse pas avec le corps car même les anges qui n'ont pas de corps enseignent, comme on l'a dit[3]. Donc il semble que l'enseignement appartienne à la vie contemplative.

2. De plus, comme le dit Grégoire dans son *Commentaire sur Ézéchiel* : « On mène d'abord la vie active afin d'en venir ensuite à la vie contemplative »[4]. Mais l'enseignement suit la contemplation et ne la précède pas. Donc l'enseignement n'appartient pas à la vie active.

---

1. Lieux parallèles : *ST* II-II, q. 181, a. 3 ; *Super Sent.*, III, d. 35, q. 1, a. 3, qa 1 et sol. 1. Sur la distinction entre vie active et vie contemplative, *cf.* aussi *ST* II-II, q. 179, a. 1-2.

2. *Cf.* Grégoire le Grand, *In Ezech.*, II, hom. 2, 9. Voir aussi *ibid.*, I, hom. 3, 9.

3. Cf. *supra*, a. 3.

4. *Cf.* Grégoire le Grand, *In Ezech.*, II, hom. 2, 10.

3. Praeterea, ut Gregorius dicit ibidem, « activa vita dum occupatur in opere minus videt » ; sed ille qui docet necesse habet magis videre quam ille qui simpliciter contemplatur ; ergo docere magis est contemplativae quam activae.

4. Praeterea, unumquodque per idem est in se perfectum et aliis similem perfectionem tradens, sicut per eundem calorem ignis est calidus et calefaciens ; sed aliquem esse perfectum in consideratione divinorum in se ipso pertinet ad vitam contemplativam ; ergo et doctrina, quae est eiusdem perfectionis transfusio in alium, ad vitam contemplativam pertinet.

5. Praeterea, vita activa circa temporalia versatur ; sed doctrina praecipue versatur circa aeterna, illorum enim excellentior est doctrina et perfectior ; ergo doctrina non pertinet ad vitam activam sed contemplativam.

Sed contra est quod Gregorius in eadem Omelia dicit « Activa est vita panem esurienti tribuere, verbum sapientiae nescientem docere ».

2. Praeterea, opera misericordiae ad vitam activam pertinent ; sed docere inter eleemosynas spirituales computatur ; ergo docere est vitae activae.

3. De plus, comme Grégoire le dit au même endroit :
« La vie active, absorbée par ce qu'elle fait, a un champ
de vision moins étendu ». Mais celui qui enseigne doit
avoir nécessairement des vues plus étendues que celui
qui ne fait que contempler. Donc l'enseignement relève
davantage de la vie contemplative que de la vie active.

4. De plus, c'est par un même principe qu'une chose
est parfaite en elle-même et qu'elle donne à d'autres une
perfection semblable à la sienne. Ainsi est-ce par la même
chaleur que le feu est chaud et qu'il réchauffe. Mais que
quelqu'un soit en lui-même parfait dans la considération
des choses divines, cela relève de la vie contemplative.
Donc l'enseignement, qui est la communication de cette
même perfection à un autre, relève, lui aussi, de la vie
contemplative.

5. De plus, la vie active s'occupe de choses temporelles,
mais l'enseignement s'occupe principalement de réalités
éternelles, car l'enseignement de ces choses constitue
ce qu'il y a de plus excellent et de plus parfait. Donc
l'enseignement n'appartient pas à la vie active, mais à la
vie contemplative.

CEPENDANT :

1. Grégoire dit dans la même homélie : « La vie active
consiste à donner du pain à celui qui a faim, à enseigner
la parole de sagesse à celui qui l'ignore » [1].

2. De plus, les œuvres de miséricorde appartiennent
à la vie active. Or l'enseignement est compté parmi les
aumônes spirituelles [2]. Donc l'enseignement appartient à
la vie active.

---

1. *Ibid.*, II, hom. 2, 8.
2. Cf. *Super Sent.*, IV, d. 15, q. 2, a. 3, qa 2, obj. 1 et *ST* II-II q. 32,
a. 2, c. Saint Thomas explique dans ces textes que les aumônes sont

RESPONSIO. Dicendum quod contemplativa et activa vita ad invicem fine et materia distinguuntur. Materia namque activae vitae sunt temporalia circa quae humanus actus versatur ; materia autem contemplativae sunt rerum scibiles rationes quibus contemplator insistit. Et haec materiae diversitas provenit ex diversitate finis sicut et in omnibus aliis materia secundum finis exigentiam determinatur : finis enim contemplativae vitae est inspectio veritatis, – prout nunc de vita contemplativa agimus –, veritatis dico increatae secundum modum possibilem contemplanti, quae quidem in hac vita imperfecte inspicitur, in futura autem videbitur perfecte. Unde et Gregorius dicit quod « contemplativa vita hic incipitur ut in caelesti patria perficiatur » ; sed activae finis est operatio qua proximorum utilitati intenditur.

RÉPONSE :

Il faut répondre que la vie contemplative et la vie active se distinguent l'une de l'autre par leur fin et par leur matière. La matière de la vie active, en effet, ce sont les choses temporelles dont s'occupe l'activité humaine, mais la matière de la vie contemplative, ce sont les raisons intelligibles des choses sur lesquelles le contemplatif fixe son regard. Cette diversité de matières provient de la diversité des fins, comme cela se passe partout ailleurs où la matière est déterminée par l'exigence de la fin [1]; car la fin de la vie contemplative – dans la mesure où nous parlons maintenant de la vie contemplative – c'est en effet la vision de la vérité, je veux dire de la vérité incréée, selon le mode dont est capable celui qui contemple : mais la vérité incréée ne peut être saisie qu'imparfaitement en cette vie, et elle ne sera vue parfaitement que dans la vie future. C'est pourquoi Grégoire dit encore que « la vie contemplative commence ici-bas et qu'elle parviendra à sa perfection dans la patrie céleste » [2]. La fin de la vie active, en revanche, c'est l'action par laquelle on tend à être utile à son prochain.

dites spirituelles lorsqu'elles pourvoient à des défaillances de l'esprit du prochain. Parmi ces défaillances de l'esprit il y a l'ignorance, qui est défaillance de l'intellect; on y pourvoit par l'enseignement (*doctrina*) pour l'intellect spéculatif, et par le conseil pour l'intellect pratique.

1. Cf. *De veritate*, q. 12, a. 2, c. : « En tout ce qui existe en vue d'une fin, la matière est déterminée par l'exigence de la fin ». Dans ce passage, saint Thomas se réfère à un texte d'Aristote, *Phys.*, II, 9 (200 a 5 – b 8), consacré aux rapports qui existent nécessairement entre la cause matérielle et la cause finale : « Ce qui fait que la maison est construite, c'est le dessein de protéger et de préserver certaines marchandises. Et il en est ainsi de tous les autres cas où il y a finalité. Cette finalité ne peut être atteinte sans une matière qui possède la nature requise ».

2. *Cf.* Grégoire le Grand, *In Ezech.*, II, hom. 2, 9.

In actu autem docendi invenimus duplicem materiam, in cuius signum etiam actus docendi duplici accusativo coniungitur : est siquidem una eius materia res ipsa quae docetur, alia vero cui scientia traditur. Ratione igitur primae materiae actus doctrinae ad vitam contemplativam pertinet, sed ratione secundae pertinet ad vitam activam. Sed ex parte finis doctrina solummodo ad vitam activam pertinere invenitur quia ultima materia eius, in qua finem intentum consequitur, est activae vitae materia; unde magis ad activam vitam pertinet quam ad contemplativam quamvis etiam aliquo modo ad contemplativam pertineat, ut ex dictis patet.

1. Ad primum ergo dicendum quod vita activa secundum hoc cum corpore deficit quod cum labore exercetur et subvenit infirmitatibus proximorum, secundum quod Gregorius ibidem dicit quod « activa vita laboriosa est quia desudat in opere », quae duo in futura vita non erunt. Nihilominus tamen actio hierarchica est in caelestibus spiritibus, ut Dionysius dicit, et illa actio

Cependant, dans l'acte d'enseigner, nous trouvons un double objet, et nous en découvrons le signe dans le fait que l'acte d'enseigner se construit avec un double accusatif[1]. Le premier objet, c'est la chose même qui est enseignée, et le second, c'est celui à qui la science est communiquée. Dès lors, si l'on considère le premier objet, l'acte d'enseigner relève de la vie contemplative, mais si l'on considère le second, il appartient à la vie active. Or, du point de vue de la fin, l'enseignement se trouve appartenir seulement à la vie active car son objet ultime, celui en lequel il atteint la fin qu'il poursuit, relève de la vie active. Par conséquent, l'enseignement appartient davantage à la vie active qu'à la vie contemplative, comme il ressort de ce que l'on vient de dire.

RÉPONSE AUX OBJECTIONS :

1. A la première objection, on doit répondre que la vie active, du fait qu'elle s'exerce avec peine et qu'elle vient en aide aux infirmités du prochain, cesse avec le corps, et c'est dans ce sens que Grégoire dit, dans le même passage, que « la vie active est pénible parce qu'elle s'épuise au travail »[2], ce qui ne se produira pas dans la vie future. Il y a néanmoins une activité hiérarchique chez les esprits célestes, comme le dit Denys[3], et cette activité s'exerce

---

1. Rappelons qu'en latin le verbe *docere* s'emploie avec deux compléments à l'accusatif, le premier désignant la personne qui est enseignée, et le second la chose enseignée.

2. *Cf.* Grégoire le Grand, *In Ezech.*, II, hom. 2, 10.

3. *Cf.* Pseudo-Denys l'Aréopagite, *De coelesti hierarchia*, c. 3, 1 : « La hiérarchie, selon moi, est un ordre sacré, une science, une activité s'assimilant autant que possible à la déiformité... C'est Dieu même qu'elle prend comme maître de toute science et de toute activité saintes... Pour chacun des êtres dont le lot est d'appartenir à la hiérarchie, la perfection consiste à s'élever... jusqu'à l'imitation de

est alterius modi ab activa vita quam nunc agimus in hac vita; unde et illa doctrina quae ibi erit, longe est alia ab ista doctrina.

2. Ad secundum dicendum quod Gregorius ibidem dicit « Sicut bonus ordo vivendi est ut ab activa vita in contemplativam tendatur, ita plerumque utiliter a contemplativa animus ad activam reflectitur ut per hoc quod contemplativa mentem accenderit perfectius activa teneatur ». Sciendum tamen quod activa contemplativam praecedit quantum ad illos actus qui in materia nullo modo cum contemplativa conveniunt, sed quantum ad illos actus qui materiam a contemplativa suscipiunt necesse est ut activa contemplativam sequatur.

3. Ad tertium dicendum quod visio docentis est principium doctrinae, sed ipsa doctrina magis consistit in transfusione scientiae rerum visarum quam in earum visione; unde visio docentis magis pertinet ad contemplationem quam ad actionem.

selon un mode différent de celui dont relève la vie active que nous menons maintenant en cette vie. C'est pourquoi l'enseignement qui sera donné dans l'au-delà est aussi très différent de celui qui est donné ici-bas.

2. A la seconde objection, on doit répondre que Grégoire dit dans le même passage : « De même que la bonne manière de vivre consiste à tendre de la vie active à la vie contemplative, ainsi est-ce la plupart du temps avec utilité que l'esprit est renvoyé de la vie contemplative à la vie active, de telle sorte que, l'esprit ayant été embrasé par la vie contemplative, la vie active puisse être menée avec une plus parfaite ténacité » [1]. Nous devons savoir cependant que la vie active précède la vie contemplative pour ce qui est des actes dont l'objet ne coïncide en aucune manière avec celui de la vie contemplative ; mais, quand il s'agit d'actes qui reçoivent leur objet de la vie contemplative, il est nécessaire que la vie active suive la vie contemplative.

3. A la troisième objection, on doit répondre que l'acte de voir est, pour celui qui enseigne, le principe de l'enseignement, mais que l'enseignement lui-même consiste davantage dans la communication de la science des choses vues que dans l'acte qui les fait voir. C'est pourquoi l'acte de voir, chez celui qui enseigne, relève davantage de la contemplation que de l'action.

Dieu, ... à devenir coopérateur de Dieu et à montrer l'opération divine se manifestant en lui-même autant que faire se peut » (trad. M. de Gandillac, *S.C.*, 58, p. 87).

1. *Cf.* Grégoire le Grand, *In Ezech.*, II, hom. 2, 11.

4. Ad quartum dicendum quod ratio illa probat quod vita contemplativa sit principium doctrinae, sicut calor non est ipsa calefactio sed calefactionis principium; invenitur autem contemplativa vita esse activae principium in quantum eam dirigit, sicut e converso activa vita ad contemplativam disponit.

5. Ad quintum patet solutio ex dictis quia respectu materiae primae doctrina cum contemplativa convenit, ut dictum est.

4. A la quatrième objection, on doit répondre que cet argument prouve que la vie contemplative est le principe de l'enseignement, comme la chaleur est le principe du réchauffement mais n'est pas le réchauffement lui-même. Or il est acquis que la vie contemplative est le principe de la vie active en tant qu'elle la dirige comme, inversement, la vie active dispose à la vie contemplative.

5. La solution de la cinquième objection ressort de ce qui a été dit précédemment puisque, en ce qui concerne son premier objet, l'enseignement rejoint la vie contemplative, comme on l'a dit.

SUMMA THEOLOGIAE – I ª PARS,
QUAESTIO CENTESIMA DECIMASEPTIMA

ARTICULUS PRIMUS

Utrum unus homo possit alium docere

AD PRIMUM SIC PROCEDITUR. Videtur quod homo non possit alium docere. Dicit enim Dominus, Matth. XXIII : *Nolite vocari Rabbi* ; ubi dicit Glossa Hieronymi : *Ne divinum honorem hominibus tribuatis*. Esse ergo magistrum pertinet proprie ad divinum honorem. Sed docere est proprium magistri. Homo ergo non potest docere, sed hoc est proprium Dei.

SOMME DE THÉOLOGIE
Iʳᵉ PARTIE, QUESTION 117

ARTICLE 1

Un homme peut-il en enseigner un autre?

Il semble qu'un homme ne puisse en enseigner un autre :

1. Le Seigneur dit en effet (*Mt* 23, 8) : « Ne vous faites pas appeler Rabbi », ce que la *Glose* de Jérôme[1] commente ainsi : « De peur que vous n'attribuiez aux hommes un honneur qui est dû à Dieu ». Donc être maître fait partie de l'honneur qui n'est dû qu'à Dieu. Or enseigner est le propre du maître. L'homme ne peut donc enseigner, mais cela est réservé à Dieu[2].

---

1. Saint Thomas parle ici de *Glossa Hieronymi* mais, comme l'indique lui-même l'auteur en *Cat. aurea super Mt, ad loc.*, il s'agit de Pseudo-Chrysostome, *Opus imperfectum in Mt, ad loc.*, *P.G.*, 56, col. 880. Cf. *supra*, *De magistro*, p. 105, notes 2 et 3.

2. L'objection est identique à la première difficulté exposée plus haut dans *De magistro*, a. 1 ; cependant, l'introduction de la proposition intermédiaire : « Or enseigner est le propre du maître » donne ici une forme syllogistique à l'argument et un poids supplémentaire à la conclusion.

2. PRAETEREA, si homo alium docet, hoc non est nisi inquantum agit per scientiam suam ad causandum scientiam in alio. Sed qualitas per quam aliquis agit ad faciendum sibi simile, est qualitas activa. Ergo sequitur quod scientia sit qualitas activa, sicut et calor.

3. PRAETEREA, ad scientiam requiritur lumen intelligibile, et species rei intellectae. Sed neutrum istorum potest causare unus homo in alio. Ergo unus homo non potest docendo causare scientiam in alio.

4. PRAETEREA, doctor nihil agit ad discipulum nisi quod proponit ei quaedam signa, vel vocibus aliquid significando, vel nutibus. Sed proponendo signa non potest aliquis alium docere, causando in eo scientiam. Quia aut proponit signa rerum notarum; aut rerum ignotarum. Si rerum notarum, ille ergo cui signa proponuntur, iam habet scientiam, et eam non acquirit a magistro. Si autem rerum ignotarum, per huiusmodi signa nihil addiscit : sicut si aliquis proponeret alicui Latino verba graeca, quorum significationem ignoraret, per hoc eum docere non posset.

2. De plus, si un homme en enseigne un autre, ce ne peut être que dans la mesure où il agit par sa science pour causer la science dans cet autre. Mais la qualité par laquelle quelqu'un agit pour produire quelque chose qui lui soit semblable est une qualité active. Il s'ensuit que la science est une qualité active, comme l'est aussi la chaleur [1].

3. De plus, la lumière intelligible et l'espèce* de la chose connue sont requises pour l'acquisition de la science. Mais ni l'une ni l'autre ne peuvent être causées par un homme dans un autre [2]. Un homme ne peut donc pas, en enseignant, causer la science dans un autre.

4. De plus, celui qui enseigne ne fait rien d'autre que de présenter au disciple des signes, en lui signifiant quelque chose soit par des mots, soit par des gestes. Mais, en présentant des signes, un homme ne peut en enseigner un autre et causer en lui la science. Car il lui propose, ou bien des signes de choses connues, ou bien des signes de choses inconnues. S'il s'agit de choses connues, celui à qui ces signes sont présentés possède déjà la science et il ne la reçoit pas du maître. Mais s'il s'agit de choses inconnues, il n'apprend rien par de tels signes : si quelqu'un, par exemple, présentait à un Latin des mots grecs dont ce dernier ignorerait la signification, il ne pourrait pas l'enseigner par ce moyen [3].

1. Cette deuxième difficulté, évoquant la causalité directe de la science elle-même dans l'enseignement, n'a pas de correspondant dans le *De magistro* étudié ci-dessus.

2. Les arguments avancés dans cette troisième objection correspondent à ceux des difficultés 11 et 14 de *De magistro*, a. 1 : voir plus haut, *De magistro*, p. 115-117, 119.

3. Cet argument provient de saint Augustin. Cf. *supra*, *De magistro*, a. 1, obj. 3, p. 109 et note 1.

Nullo ergo modo unus homo potest, alium docendo, scientiam in eo causare.

SED CONTRA EST quod Apostolus dicit, I *ad Tim.* II : *In quo positus sum ego praedicator et Apostolus, Doctor gentium in fide et veritate.*

RESPONDEO DICENDUM quod circa hoc diversae fuerunt opiniones. Averroes enim, in Comment. III *de Anima*, posuit unum intellectum possibilem esse omnium hominum, ut supra dictum est. Et ex hoc sequebatur quod eaedem species intelligibiles sint omnium hominum. Et secundum hoc, ponit quod unus homo per doctrinam non causat aliam scientiam in altero ab ea quam ipse habet; sed communicat ei eandem scientiam quam ipse habet, per hoc quod movet eum ad ordinandum phantasmata in anima sua, ad hoc quod sint disposita convenienter ad intelligibilem apprehensionem. – Quae quidem opinio quantum ad hoc vera est, quod est eadem scientia in discipulo et magistro, si consideretur identitas secundum unitatem rei scitae : eadem enim rei veritas est quam cognoscit et discipulus et magister. Sed quantum ad hoc

Un homme ne peut donc d'aucune façon, en enseignant, causer en un autre la science.

CEPENDANT :

L'Apôtre dit en *1 Tm* 2, 7 : « De (ce témoignage) j'ai été établi prédicateur et apôtre, docteur pour les Gentils dans la foi et la vérité » [1].

RÉPONSE :

Il faut dire que, sur ce sujet, diverses ont été les opinions. Comme il a été dit plus haut [2], Averroès a soutenu en effet, dans le commentaire du livre III du traité *De l'âme* [3], qu'il existe un seul intellect possible* pour tous les hommes. D'où il résulte que tous les hommes ont les mêmes espèces intelligibles*. En conséquence, il affirme qu'un homme, par son enseignement, ne cause pas, à partir de sa propre science, une science autre chez un autre, mais qu'il lui communique la même science que lui-même possède, en poussant l'autre à ordonner les phantasmes* dans son âme de telle sorte que ceux-ci soient convenablement disposés pour une saisie intellectuelle. Cette opinion a ceci de vrai que, si l'on considère l'identité du point de vue de l'unité de la chose sue, c'est bien la même science qui se trouve dans le disciple et dans le maître : c'est en effet la même vérité de la chose que connaissent à la fois le disciple et le maître. Mais, comme on l'a dit

---

1. La référence à *1 Tm* 2, 7 est différente de celle donnée au même endroit dans *De magistro*, a. 1, où il s'agissait de *2 Tm* 1, 11. Les citations elles-mêmes sont cependant très proches l'une de l'autre et fournissent le même argument.

2. Cf. *ST* I, q. 76, a. 2, c., où la réfutation de la position d'Averroès est particulièrement pertinente.

3. *Cf.* Averroès, *De anima*, III, comm. 5.

quod ponit esse unum intellectum possibilem omnium hominum, et easdem species intelligibiles, differentes solum secundum diversa phantasmata; falsa est eius opinio, ut supra habitum est.

Alia est opinio Platonicorum, qui posuerunt quod scientia inest a principio animabus nostris per participationem formarum separatarum, sicut supra habitum est; sed anima ex unione corporis impeditur ne possit considerare libere ea quorum scientiam habet. Et secundum hoc, discipulus a magistro non acquirit scientiam de novo, sed ab eo excitatur ad considerandum ea quorum scientiam habet; ut sic addiscere nihil aliud sit quam reminisci. Sicut etiam ponebant quod agentia naturalia solummodo disponunt ad susceptionem formarum, quas acquirit materia corporalis per participationem specierum separatarum. – Sed contra hoc supra ostensum est quod intellectus possibilis animae humanae est in potentia pura ad intelligibilia secundum quod Aristoteles dicit in III *de Anima*.

précédemment[1], cette opinion est fausse en tant qu'elle affirme l'existence d'un seul intellect possible pour tous les hommes, et celle d'espèces intelligibles identiques dont la diversité proviendrait seulement de la diversité des phantasmes.

Les Platoniciens ont une opinion différente : comme on l'a dit plus haut[2], ils ont soutenu que nos âmes possèdent la science dès l'origine par participation aux formes* séparées ; mais l'âme est entravée de telle manière par son union au corps qu'elle ne peut considérer librement ce dont elle a la science. En conséquence, le disciple n'acquiert pas une science nouvelle qui lui viendrait du maître, mais il est excité par lui à considérer ce dont il a la science. Il en résulte ainsi qu'apprendre n'est rien d'autre que se souvenir[3]. C'est de la même manière qu'ils ont affirmé que le rôle des agents naturels est seulement de disposer à recevoir les formes que la matière corporelle acquiert par participation aux espèces* séparées[4]. Mais, contre ces opinions on a montré précédemment[5] que l'intellect possible* de l'âme humaine est en puissance* pure à l'égard des intelligibles, comme le dit Aristote au livre III du traité *De l'âme*[6].

---

1. Cf. *supra*, p. 233, note 2.

2. Cf. *ST* I, q. 84, a. 3, c., et surtout *ibid.*, a. 4, c., où l'on trouvera, exposée en détail, la position platonicienne concernant les idées innées et les formes séparées.

3. Selon les Platoniciens, l'âme est comme endormie et sans mémoire, en raison de son union avec le corps : voir *ST* I, q. 84, a. 4, c. Cette théorie a été reprise par saint Augustin et par Boèce. Cf. *supra*, *De magistro*, p. 117, note 2 ; p. 123, note 1 ; p. 131, note 1.

4. Cf. *supra*, *De magistro*, p. 127, note 1, pour les références des textes où saint Thomas souligne et explique l'accord relatif, mais aussi les divergences, entre les opinions de Platon et celles d'Avicenne.

5. Cf. *ST* I, q. 79, a. 2, c. ; *ibid.*, q. 84, a. 3, c.

6. *Cf.* Aristote, *De anima*, III, c. 4 (429 a 10 *sq.*).

Et ideo aliter dicendum est, quod docens causat scientiam in addiscente, reducendo ipsum de potentia in actum, sicut dicitur in VIII *Physic.* Ad cuius evidentiam, considerandum est quod effectuum qui sunt ab exteriori principio, aliquis est ab exteriori principio tantum ; sicut forma domus causatur in materia solum ab arte. Aliquis autem effectus est quandoque quidem ab exteriori principio, quandoque autem ab interiori : sicut sanitas causatur in infirmo quandoque ab exteriori principio, scilicet ab arte medicinae ; quandoque autem ab interiori principio, ut cum aliquis sanatur per virtutem naturae. Et in talibus effectibus sunt duo attendenda. Primo quidem, quod ars imitatur naturam in sua operatione : sicut enim natura sanat infirmum alterando, digerendo, et expellendo materiam quae causat morbum, ita et ars. Secundo attendendum est, quod principium exterius, scilicet ars, non operatur sicut principale agens, sed sicut coadiuvans agens principale, quod est principium

Et c'est pourquoi il faut dire d'une autre manière que celui qui enseigne cause la science dans celui qui apprend en le faisant passer de la puissance* à l'acte*, comme il est dit au livre VIII de la *Physique*[1]. Pour mettre ceci en évidence, il faut observer que, parmi les effets qui proviennent d'un principe extérieur, certains découlent uniquement de ce principe extérieur : ainsi la forme* de la maison est causée, à partir de la matière*, seulement par l'art de l'architecte[2]. Mais d'autres effets peuvent être produits, tantôt par un principe extérieur, tantôt par un principe intérieur : ainsi la cause de la santé chez un malade est tantôt un principe extérieur, à savoir l'art du médecin, tantôt un principe intérieur quand quelqu'un est guéri par la force de la nature. Dans le cas de ces effets à double principe, deux choses doivent être considérées ; la première est que l'art imite la nature dans son opération[3] : de même, en effet, que la nature guérit le malade en altérant, divisant et expulsant ce qui cause la maladie, de même opère l'art du médecin. La seconde chose à considérer est que le principe extérieur, à savoir l'art, n'opère pas en tant qu'agent principal mais en tant qu'auxiliaire de l'agent principal, lequel est un principe

1. *Cf.* Aristote, *Phys.*, VIII, 4 (255 b 1), et *supra*, *De magistro*, p. 141, note 1.
2. La reconnaissance de la différence du mode d'action des agents extérieurs selon les qualités intrinsèques du sujet est établie dans *De magistro*, a. 1, c. (*cf.* aussi *ibid.*, p. 137, note 1). Le texte de la *Somme* est, par rapport à ce premier écrit, allégé de l'analyse détaillée concernant le sujet qui subit l'action : les distinctions entre « puissance passive » et « puissance active » ne sont pas reprises. L'accent est mis plutôt sur l'action de l'agent. Notons aussi que l'exemple de la construction de la maison remplace avantageusement, pour la même démonstration, l'exemple du feu donné dans le *De magistro*.
3. Cf. *supra*, *De magistro*, a. 1, c., et p. 139, note 1 correspondante.

interius, confortando ipsum, et ministrando ei instrumenta et auxilia, quibus utatur ad effectum producendum : sicut medicus confortat naturam, et adhibet ei cibos et medicinas, quibus natura utatur ad finem intentum.

Scientia autem acquiritur in homine et ab interiori principio, ut patet in eo qui per inventionem propriam scientiam acquirit ; et a principio exteriori, ut patet in eo qui addiscit. Inest enim unicuique homini quoddam principium scientiae, scilicet lumen intellectus agentis, per quod cognoscuntur statim a principio naturaliter quaedam universalia principia omnium scientiarum. Cum autem aliquis huiusmodi universalia principia applicat ad aliqua particularia, quorum memoriam et experimentum per sensum accipit ; per inventionem propriam acquirit scientiam eorum quae nesciebat, ex notis ad ignota procedens. Unde et quilibet docens, ex his quae discipulus novit, ducit eum in cognitionem eorum quae ignorabat ; secundum quod dicitur in I *Poster.*, quod *omnis doctrina et omnis disciplina ex praeexistenti fit cognitione.*

intérieur. Cet agent auxiliaire agit en fortifiant l'agent principal et en lui fournissant les instruments et les aides dont cet agent principal se sert pour produire son effet : ainsi le médecin fortifie la nature, et il lui procure les nourritures et les médicaments que la nature utilise pour atteindre son but [1].

Or l'homme acquiert la science à la fois par un principe intérieur, comme on le voit de façon évidente chez celui qui acquiert la science par découverte personnelle, et par un principe extérieur comme on le constate chez celui qui apprend par un autre. Il existe en effet en tout homme un principe de science, à savoir la lumière de l'intellect agent*, par lequel il connaît dès l'origine et naturellement les principes universels de toutes les sciences. Or, lorsque l'homme applique ces principes universels à des choses particulières qui lui reviennent en mémoire et qui sont objets d'expérience par les sens, il acquiert par découverte personnelle la science de ce qu'il ne connaissait pas, passant de ce qui lui est connu à ce qui lui est inconnu. De là découle aussi que tout maître, partant de ce que le disciple connaît, le conduit à la connaissance de ce qu'il ignorait, selon ce qu'il est dit dans les *Seconds Analytiques* : « Tout enseignement et toute acquisition de connaissances partent d'une connaissance préexistante » [2].

---

1. Saint Thomas insiste ici, plus qu'il ne l'avait fait dans le *De magistro*, sur le rôle restreint d'auxiliaire joué par l'agent extérieur dans le cas où le sujet possède un principe intérieur d'action.

2. *Cf.* Aristote, *Anal. post.*, I, 1 (71 a 1). La même citation est retrouvée en *C. Gent.*, II, c. 75 (voir aussi, *supra*, *De magistro*, p. 141, note 1).

Ducit autem magister discipulum ex praecognitis in cognitionem ignotorum, dupliciter. Primo quidem, proponendo ei aliqua auxilia vel instrumenta, quibus intellectus eius utatur ad scientiam acquirendam : puta cum proponit ei aliquas propositiones minus universales, quas tamen ex praecognitis discipulus diiudicare potest; vel cum proponit ei aliqua sensibilia exempla, vel similia, vel opposita, vel aliqua huiusmodi, ex quibus intellectus addiscentis manuducitur in cognitionem veritatis ignotae. – Alio modo, cum confortat intellectum addiscentis; non quidem aliqua virtute activa quasi superioris naturae, sicut supra dictum est de angelis illuminantibus, quia omnes humani intellectus sunt unius gradus in ordine naturae; sed inquantum proponit discipulo ordinem principiorum ad conclusiones, qui forte per seipsum non haberet tantam virtutem collativam, ut ex principiis posset conclusiones deducere. Et ideo dicitur in I *Poster.*, quod *demonstratio est syllogismus faciens scire*. Et per hunc modum ille qui demonstrat, auditorem scientem facit.

C'est cependant d'une double manière que le maître conduit le disciple, à partir de ce qu'il connaît déjà, à la connaissance de ce qu'il ignore. D'une première manière, en lui proposant des secours ou des instruments dont l'intellect du disciple se sert pour acquérir la science : par exemple, lorsque le maître lui présente des propositions moins universelles que le disciple peut néanmoins reconnaître comme vraies en partant de ce qu'il connaît déjà ; ou bien lorsque le maître propose au disciple des exemples sensibles, soit semblables, soit différents, ou d'autres choses de ce genre à partir desquelles l'intellect de celui qui apprend est conduit comme par la main à la connaissance d'une vérité inconnue. Le maître peut instruire d'une autre manière, en fortifiant l'intellect du disciple, non pas en vertu d'une force active qui serait pour ainsi dire d'une nature supérieure, comme on l'a dit précédemment à propos de l'illumination produite par les anges [1], car tous les intellects humains sont au même niveau dans l'ordre de la nature, mais en tant qu'il présente un enchaînement des principes aux conclusions à un disciple qui ne posséderait peut-être pas par lui-même un pouvoir de synthèse suffisant pour être capable de passer des principes aux conclusions. Et c'est pourquoi il est dit, dans les *Seconds Analytiques*, que « la démonstration est un syllogisme qui fait savoir » [2]. De cette façon, celui qui démontre rend savant l'auditeur [3].

---

1. Cf. *ST* I, q. 106, a. 1 ; *ibid.*, q. 111, a. 1.

2. *Cf.* Aristote, *Anal. post.*, I, 2 (71 b 17-18), et *supra*, *De magistro*, p. 143, note 1.

3. Cette double manière d'enseigner est présentée uniquement dans cet article de la *Somme*. Dans le *De magistro*, saint Thomas évoque seulement la seconde manière décrite ici, typiquement magistrale, consistant en la proposition de l'enchaînement logique des idées,

AD PRIMUM ERGO DICENDUM quod, sicut iam dictum est, homo docens solummodo exterius ministerium adhibet, sicut medicus sanans : sed sicut natura interior est principalis causa sanationis, ita et interius lumen intellectus est principalis causa scientiae. Utrumque autem horum est a Deo. Et ideo, sicut de Deo dicitur, *Qui sanat omnes infirmitates tuas*; ita de eo dicitur, *Qui docet hominem scientiam*, inquantum *lumen vultus eius super nos signatur*, per quod nobis omnia ostenduntur.

AD SECUNDUM DICENDUM quod doctor non causat scientiam in discipulo per modum agentis naturalis, ut Averroes obiicit. Unde non oportet quod scientia sit qualitas activa : sed est principium quo aliquis dirigitur in docendo, sicut ars est principium quo aliquis dirigitur in operando.

AD TERTIUM DICENDUM quod magister non causat lumen intelligibile in discipulo, nec directe species intelligibiles : sed movet discipulum per suam doctrinam ad hoc, quod ipse per virtutem sui intellectus formet intelligibiles conceptiones, quarum signa sibi proponit exterius.

RÉPONSE AUX OBJECTIONS :

1. A la première objection, il faut répondre que, comme on vient de le dire, l'homme qui enseigne assure un service purement extérieur, à la façon du médecin qui guérit. Mais, de même que la nature intérieure du malade est la cause principale de la guérison, de même la lumière intérieure de l'intellect est la cause principale de la science. Or l'une et l'autre viennent de Dieu. Et c'est pourquoi, comme on dit de Dieu : « C'est Lui qui guérit toutes tes maladies » (*Ps* 102, 3), on dit aussi de Lui : « C'est Lui qui enseigne la science aux hommes » (*Ps* 93, 10), en tant que « la lumière de sa face est établie sur nous » (*Ps* 4, 7), lumière par laquelle toutes choses nous sont manifestées.

2. A la seconde objection, il faut répondre que le maître ne cause pas la science chez le disciple à la manière d'un agent naturel, comme l'objecte Averroès [1]. Il n'est donc pas nécessaire que la science soit une qualité active : mais elle est le principe directeur de l'enseignement, comme l'art est le principe directeur de l'opération.

3. A la troisième objection, il faut répondre que le maître n'est pas la cause de la lumière intelligible dans le disciple, et il n'est pas non plus la cause directe de ses espèces intelligibles*. Mais, par son enseignement, il meut le disciple à former lui-même, par la puissance de son propre intellect, les conceptions intelligibles dont il lui présente les signes de l'extérieur.

autrement dit en la démonstration. Dans la *Somme*, une autre tâche est reconnue à l'enseignement, à savoir la présentation choisie et ordonnée de données d'expériences ou de propositions qui conduisent le disciple à une réflexion personnelle et aboutissent également pour lui à un accroissement de science.

1. Cf. *supra*, p. 233, note 3.

AD QUARTUM DICENDUM quod signa quae magister discipulo proponit, sunt rerum notarum in universali, et sub quadam confusione; sed ignotarum in particulari, et sub quadam distinctione. Et ideo cum quisque per seipsum scientiam acquirit, non potest dici docere seipsum, vel esse sui ipsius magister : quia non praeexistit in eo scientia completa, qualis requiritur in magistro.

4. A la quatrième objection, il faut répondre que les signes que le maître présente au disciple sont les signes de choses connues dans leur universalité et d'une manière confuse, mais inconnues dans leur particularité et d'une manière distincte. Et c'est pourquoi, lorsque quelqu'un acquiert la science par lui-même, on ne peut pas dire qu'il s'enseigne lui-même ou qu'il est son propre maître, parce qu'en lui ne préexiste pas la science complète telle qu'elle est requise chez le maître [1].

---

1. On a vu (*cf.* p. 231, note 3) que la quatrième objection de l'article étudié ici correspondait à la troisième objection de *De magistro*, a. 1. La réponse donnée dans la *Somme* par saint Thomas est beaucoup plus concise et en même temps plus précise que celle du même auteur dans le *De magistro*. Notons aussi que les quatre dernières lignes de l'article de la *Somme*, concernant celui qui acquiert la science par lui-même, sont un résumé de tout le corps de l'article 2 du *De magistro*.

VOCABULAIRE

Bernadette JOLLÈS

Accident. *Cf.* **Acte.**

Acte et puissance – Forme et matière – Substance et accident. A la suite d'Aristote, saint Thomas distingue l'être en acte de l'être en puissance : « Certaines choses peuvent être, encore qu'elles ne soient pas, mais certaines choses sont déjà : ce qui peut être, mais n'est pas, on le dit être en puissance ; ce qui est déjà, on le dit être en acte » (*De princ. nat.*, § 1). *Cf.* aussi *In Metaph.*, IX, lect. 3-4 ; *C. Gent.*, I, c. 16 ; *ST* I, q. 3, a. 1, c. ; q. 4, a. 1, c. ; q. 105, a. 1, c. ; III, q. 10, a. 3, c. Cette distinction de l'acte et de la puissance découle de l'expérience que nous avons du changement et du devenir. « Comme l'avait fait Aristote, qui constate l'universalité de son application et l'impossibilité de la définir, écrit Étienne Gilson, saint Thomas use plus volontiers de cette distinction qu'il ne l'explique. C'est qu'elle est une sorte de postulat, une formule dans laquelle s'inscrit un fait ... Toute essence qui ne réalise pas complètement sa définition est acte dans la mesure où elle la réalise, puissance dans la mesure où elle souffre de ne pas la réaliser » (Ét. Gilson, *Le thomisme*, p. 438-439). En termes plus concis, saint Thomas avait écrit : « Quelque chose est dit parfait selon qu'il est en acte : car est dit parfait celui à qui il ne manque rien de ce qui se rapporte à sa perfection » (*ST* I, q. 4, a. 1, c.).

On peut distinguer acte et puissance dans un être, non seulement au niveau de la réalisation des perfections de cet être, mais à la racine même de son être : « De tous les ordres de potentialité, dit Étienne Gilson, le premier qui s'offre à nous est la puissance à l'égard de l'être substantiel » (*op. cit.*, p. 228). Comme Aristote, saint Thomas appellera *materia prima* ce qui peut devenir substance. La matière existera en tant que substance dès que la substance elle-même existera en vertu de l'acte qui la fait exister, et cet acte constitutif de la substance, c'est la « forme » : « La forme donne l'être à la matière » (*De princ. nat.*, § 1). La matière est donc pure possibilité de substance, possibilité amenée à l'acte par la forme : il s'agit alors ici de la forme substantielle, qui est acte.

Ces notions de matière et de forme s'étendent à tous les êtres du monde physique, soumis au changement. La matière pourra ainsi désigner le sujet récepteur des déterminations ultérieures qui perfectionnent la substance préalablement constituée. Ces déterminations, dans le langage aristotélicien, sont appelés accidents ; on parlera donc, dans ce cas, de formes accidentelles : « De même que tout ce qui est en puissance peut être dit matière, de même tout ce par quoi quelque chose a l'être, qu'il s'agisse de l'être substantiel ou de l'être accidentel, peut être dit forme... Et parce que la forme fait que l'être est en acte, on dit que la forme est acte : ce qui fait que l'être substantiel est en acte est appelé forme substantielle, ce qui fait que l'être accidentel est en acte est appelé forme accidentelle » (*De princ. nat.*, § 1).

Agents univoques et agents équivoques. Comme l'explique saint Thomas dans le *De magistro* (a. 2, c.), cette distinction entre agent univoque et agent équivoque ne concerne que les agents qui possèdent en eux-mêmes toutes les perfections qu'ils produisent en d'autres êtres en les faisant passer de la puissance à l'acte : l'agent univoque est alors « celui dont le nom et la définition coïncident avec ceux des effets qu'ils produisent » (*ST* I, q. 13, a. 5, obj. 1) et qui est donc de même nature ou de même espèce que ceux-ci (*ibid.*, q. 4, a. 2, c.) ; l'agent équivoque, en revanche, est celui qui possède ces perfections d'une manière différente, mais nécessairement éminente, puisqu'il est capable de les produire. On dira ainsi que l'homme est la cause univoque de l'homme qu'il engendre, mais que le soleil est la cause équivoque de la chaleur qu'il produit (*ibid.*, et q. 13, a. 5, ad 1). Saint Thomas note cependant qu'une cause universelle, qui ne peut être un agent univoque, ne peut être appelée à proprement parler agent équivoque, parce que dans ce cas il lui serait impossible de produire un effet qui lui fût semblable, mais qu'il faut l'appeler agent analogue (*ibid.*, q. 13, a. 5, ad 1). Sur cette distinction, on peut voir aussi *De potentia*, q. 7, a. 7, ad 7, et *C. Gent.*, III, c. 65.

Espèce. Avec beaucoup de traducteurs et de commentateurs de saint Thomas, et bien que ce mot n'ait jamais, dans notre langue, la signification qu'on lui donne ici, on traduit par « espèce » le terme latin *species*. L'« espèce » ainsi entendue est une « similitude » qui a pour rôle de rendre un objet extérieur présent au sens ou à l'intelligence dans l'acte de connaissance. Les objets extérieurs ne peuvent en effet informer directement les puissances cognitives. On distinguera donc deux sortes d'« espèces » : les espèces sensibles et les espèces intelligibles. Les espèces sensibles sont celles qui informent les sens. Elles sont produites, non par les objets eux-mêmes, mais par une actuation des sens sous l'influence des objets. Comme l'explique Étienne Gilson (*Le thomisme*, p. 274, note 32), « les espèces sensibles ne sont pas des sensations éparses dans le milieu physique et en quête de sujets connaissants où se loger... Semblables à leurs causes, les espèces n'ont pas d'existence distincte de celle de l'objet qui les produit et dont elles ne sont que l'émanation continuelle. Provenant de la forme de l'objet (non de sa matière), les espèces en retiennent la vertu active. C'est donc par elles que l'objet actualise l'organe sensoriel et se l'assimile ». L'action exercée ensuite par ces espèces sensibles sur les sens externes y produisent les phantasmes* ou images conservées dans l'imagination et la mémoire. C'est de ces phantasmes, dit saint Thomas (cf. *ST* I, q. 85, a. 1, ad 4), que l'intellect agent* dégage, par abstraction, les espèces intelligibles qui peuvent alors informer l'intellect patient ou possible* dans la connaissance intellectuelle. Saint Thomas souligne fortement deux caractères essentiels des *species intelligibles*. Il rappelle d'abord que ces espèces intelligibles, indispensables à l'acte de connaissance, sont issues des choses matérielles ; notre connaissance des choses ne se fait pas au moyen d'espèces innées provenant de notre participation au monde des essences éternelles comme le voulait Platon (cf. *ibid.*, I, q. 84, a. 3, c. ; a. 5, c.). Mais il insiste surtout sur l'intentionnalité des espèces intelligibles : celles-ci ne sont pas, pour l'intelligence, ce qui est connu (*id quod cognoscitur*), mais ce par quoi elle connaît (*id quo cognoscit*) : « Ce qui est premièrement compris, dit-il, c'est la chose, dont l'espèce intelligible constitue la similitude » (cf. *ibid.*, I, q. 85, a. 2, c., et *In libr. de anima*, III, lect. 8). Ce dernier point est d'une importance capitale, si l'on veut comprendre la véritable signification de la noétique thomiste et ne pas la défigurer en tombant dans les pièges que peuvent nous tendre certaines formules. Comme le note Étienne Gilson (*Le thomisme*, p. 285-287), il est à peu près impossible, pratiquement, de parler des espèces sensibles ou intelligibles « sans s'exprimer comme si l'espèce était une image, un équivalent ou un substitut de l'objet, et saint Thomas lui-même ne s'en fait pas faute ; mais il faut comprendre que l'espèce d'un objet n'est pas un être, et l'objet un autre être ; elle est l'objet même par mode d'espèce, c'est-à-dire encore l'objet considéré dans l'action et dans l'efficace qu'il exerce sur un sujet. A cette condition seule, on pourra dire que ce n'est pas l'espèce de l'objet qui est présente dans la pensée, mais l'objet par son espèce ; et comme c'est la forme de l'objet qui est en lui le principe actif et déterminant, c'est bien la forme de l'objet qui deviendra, par son espèce, l'intellect qui la connaîtra. Toute l'objectivité de la connaissance humaine tient en fin de compte à ce fait, que ce n'est pas un intermédiaire surajouté, ou un substitut distinct, qui s'introduit dans notre pensée à la place de la chose, mais bien l'espèce sensible de la chose même qui, rendue intelligible par l'intellect agent, se trouve être devenue la forme de notre intellect possible. Une dernière conséquence du même principe achèvera de mettre en évidence la continuité de l'espèce avec la forme de l'objet... Si les espèces étaient des êtres distincts de leurs formes, notre connaissance porterait sur les espèces au lieu de porter sur les objets... L'espèce n'est donc pas *ce que* la pensée connaît de la chose, mais *ce par quoi elle la connaît*, et nul être intermédiaire ne s'interpose, dans l'acte de connaissance, entre la pensée et son objet ».

Forme. *Cf.* **Acte.**

Formes intelligibles. *Cf.* **Espèce, Intellect agent.**

Habitus. Lorsque saint Thomas s'interroge sur les principes des actions humaines, il retrouve en l'approfondissant la pensée d'Aristote et il pose, comme principes de ces actions, les dispositions et les habitus (*cf.* Aristote, *Cat.*, c. 8). Dispositions et habitus sont des qualités de l'individu ; certains d'entre eux sont naturels et innés, mais ils peuvent être aussi le résultat d'une série plus ou moins longue d'actes antérieurs exécutés en vue d'une même fin ayant rapport avec un certain accomplissement de la nature humaine. En règle générale, « les habitus résultent bien moins de nos dispositions naturelles que de nos actes » (Ét. Gilson, *Le thomisme*, p. 321). Aristote (*loc. cit.*) a souligné la différence entre l'habitus qui est un état, c'est-à-dire une qualité durable et difficile à perdre, et la disposition qui est une qualité moins stable et plus facile à perdre. L'habitus peut donc être défini comme une « disposition durable ». Dans la même optique, saint Augustin dit que « l'habitus consiste, en effet, à poser un acte chaque fois qu'il en est besoin » (*De bono conjugali*, c. 21), et saint Thomas dira que « la disposition devient habitus, comme l'enfant devient homme » (*ST* I-II, q. 49, a. 2, ad 3). L'habitus étant ce par quoi l'homme agit (cf. *ibid.*, q. 94, a. 1, c.), il n'est connu que médiatement, par la perception de l'acte qu'il engendre. La fin des actes produits par l'habitus étant directement liée à la nature de l'homme, on pourra distinguer entre les habitus allant dans le sens de l'accomplissement de cette nature, c'est-à-dire du bien, et ceux allant dans le sens inverse, c'est-à-dire dans le sens d'un mal. « Quand, en effet, dit saint Thomas, c'est un mode d'être qui s'accorde avec la nature de la réalité, alors il est un bien ; mais quand il ne s'accorde pas, alors il est un mal » (*ibid.*, q. 49, a. 2, c.). Saint Thomas cite ici Aristote, *Eth. Nic.*, II, c. 5 : « Les habitus sont selon que nous nous comportons bien ou mal dans les passions ». Comme le dit Étienne Gilson (*Le thomisme*, p. 319) : « Les habitus d'un être déterminent la manière dont il réalise sa propre définition ». Ainsi, il n'y a pas d'habitus « neutre » et, selon leur direction, les habitus pourront être classés en deux catégories, d'une part les vertus ou habitus en vue d'un bien, d'autre part les vices ou habitus dirigés vers le mal.

Intellect agent – Intellect possible. La distinction établie par saint Thomas entre l'intellect agent et l'intellect patient ou possible vient d'Aristote (*De anima*, III, 5, 430 a 10-25). Pour ce dernier, l'intellect patient est « analogue à la matière, par le fait qu'il devient », dans l'acte de connaissance, « tous les intelligibles ». L'intellect agent, en revanche, impassible et en acte par essence, « est analogue à la cause efficiente parce qu'il les (les intelligibles) produit tous, attendu qu'il est une sorte d'état analogue à la lumière » (trad. J. Tricot, p. 181-182). Ces affirmations d'Aristote avaient fait l'objet d'interprétations assez diverses de la part des commentateurs grecs et arabes. C'est ainsi qu'Avicenne (980-1037), s'inspirant des vues d'Alfarabi, avait développé une doctrine de l'unicité de l'intellect agent qui se répandra largement chez les philosophes chrétiens du XIIIᵉ siècle et que ceux-ci tenteront d'accorder avec la théorie augustinienne de l'illumination. Comme l'explique Étienne Gilson (*La philosophie au Moyen Âge*, p. 353), cette doctrine d'Avicenne revient « à poser un seul intellect agent pour toute l'espèce humaine, tout en attribuant un intellect possible à chaque individu ». Saint Thomas a souvent combattu ces vues d'Avicenne, notamment dans son *De magistro* (*cf.* ci-dessus, a. 1, c.), et dans sa *Summa theologiae* (I, q. 79, a. 4). Allant plus loin qu'Avicenne, Averroès (1126-1198) soutiendra que non seulement l'intellect agent, mais l'intellect patient lui-même est unique pour tous les hommes. Mais, au moment où il rédige son *De magistro*, saint Thomas ne s'est pas encore heurté à cette doctrine averroïste qui revient à nier toute immortalité individuelle. Il ne la combattra que plus tard, dans son *De unitate intellectus contra Averroistas* composé en 1270.

Contre Avicenne et tous les philosophes et théologiens qui s'inspirent des vues de ce philosophe arabe, saint Thomas professe que toute âme humaine dispose d'un intellect agent qui lui est propre et qui est une de ses puissances (cf. *ST* I, q. 79, a. 4). Il ne fait que reprendre sur ce point une des affirmations les plus fondamentales de sa physique et de sa métaphysique, selon laquelle les causes universelles n'agissent, dans la nature, qu'avec le concours des causes secondes, c'est-à-dire le concours des principes appartenant en propre à chaque être particulier. Le rôle de l'intellect agent, propre à chaque homme, est un rôle illuminateur. C'est l'intellect agent qui dégage par mode d'abstraction, à partir des phantasmes* ou images, les formes* ou espèces* intelligibles qui pourront alors informer l'intellect patient. Ce dernier est donc une puissance passive qui ne passe à l'acte que sous l'action conjuguée de l'intellect agent et de l'espèce.

Intention. Un des sens du verbe *intendere* est « tendre vers », *in aliquid tendere*. Chez saint Thomas, l'*intentio*, au sens le plus général du mot, est ce mouvement de la volonté qui se meut elle-même et qui meut les autres facultés en vue d'une fin préalablement reconnue par la raison (*cf.* Ét. Gilson, *Le thomisme*, p. 315). « Ce mot intention désigne un acte de la volonté, étant présupposé un acte de la raison ordonnant quelque chose vers sa fin » (*ST* I-II, q. 12, a. 1, ad 3). Mais, au-delà de cette signification d'ordre psychologique et moral, liée à l'idée de volonté, le mot *intentio* désigne également la relation fondamentale qui s'établit entre la puissance connaissante et l'objet que celle-ci atteint. Il s'agit donc de l'acte par lequel le sujet pose devant lui l'objet et se le rend présent en le représentant. On retrouve ici ce que la phénoménologie contemporaine, s'inspirant d'ailleurs du vocabulaire des scolastiques médiévaux, a appelé le principe d'intentionnalité, selon lequel toute puissance est puissance de quelque chose, toute conscience conscience de quelque chose. C'est dans ces perspectives qu'il faut interpréter les passages du *De magistro* où saint Thomas a recours au mot *intentio*, ou encore ce texte du *C. Gent.*, I, c. 55 : « La faculté de connaissance ne connaît en acte que s'il y a intention : ainsi les images conservées dans la faculté organique ne sont pas toujours actualisées, pour cette raison que notre intention ne se porte pas sur elles. Et donc nous ne voyons pas en même temps les multiples choses vers lesquelles notre intention ne se porte pas d'un seul coup. Quant à celles qui doivent faire l'objet d'une même intention, il faut qu'elles soient appréhendées en même temps : ainsi celui qui institue une comparaison entre deux choses dirige son intention vers elles deux et les regarde toutes deux d'un seul regard » (trad. M. Bernier et M. Corvez, p. 301). Ce dernier texte fait comprendre pourquoi *intentio* peut être parfois traduit par « attention », terme qui désigne aussi l'acte rendant présent à l'esprit un objet de connaissance.

L'expression *intentiones intelligibiles*, utilisée par saint Thomas dans le *De magistro* (a. 1, ad 4, ad 11 et ad 14), revêt une signification différente. L'*intentio intelligibilis* (ou *i. intellecta, i. intellectus, i. intellectualis, cf.* L. Schütz, *Thomas-Lexicon*, p. 422) appartient à l'acte même de connaissance, dont elle est le terme. « L'intention intelligible est ce que l'intellect conçoit en lui-même de la chose qu'il connaît... elle est une similitude que l'intellect conçoit de la chose connue, et que les mots prononcés au dehors révèlent ; de là vient que cette intention est appelée *verbe intérieur*, qui est révélé par le verbe extérieur » (*C. Gent.*, IV, c. 11). « Cette intention intelligible est pour ainsi dire le terme de l'opération intellectuelle, et par là elle diffère de l'espèce intelligible* qui actue l'intellect et qu'on doit considérer comme le début de l'opération intellectuelle, bien que l'une comme l'autre soit une similitude de la chose connue. Parce que l'espèce intelligible, qui est forme de l'intellect et commencement de l'acte de connaître, est une similitude de la chose extérieure, il s'ensuit que l'intellect forme une intention semblable à cette chose » (*ibid.*, I, c. 53).

Matière. *Cf.* **Acte.**

Phantasme. Le mot *phantasma* désigne la représentation que le sens produit à partir d'un corps sensible : « Le phantasme est la similitude d'une chose particulière » (*ST* I, q. 84, a. 7, ad 2). Les phantasmes ou images des objets particuliers sont reçus et conservés dans l'imagination. C'est à partir de ces phantasmes ou images, qui ne dépassent pas les limites des espèces particulières dont elles sont « les similitudes existant dans les organes corporels » (*ibid.*, q. 85, a. 1, ad 3), que se développera la connaissance intellectuelle. Les phantasmes, nécessairement requis pour que cette connaissance intellectuelle soit possible, n'en constituent cependant que la matière et ne servent que d'instruments (cf. *De veritate*, q. 10, a. 6, ad 7).

Puissance. *Cf.* **Acte.**

Puissance sensitive – Puissance intellective. La puissance sensitive ou faculté sensitive est la faculté de la connaissance sensible qui connaît les choses particulières, les individus. Cette faculté est commune à l'homme et à l'animal. Elle se différencie d'une part de la faculté ou puissance intellective ou intelligible que seul l'homme possède, d'autre part de la faculté ou puissance végétative commune à tous les êtres animés. Dans la puissance sensitive, saint Thomas distingue les sens externes (les cinq sens) et les sens internes (cf. *ST* I, q. 78, a. 3-4 ; *De anima*, q. un, a. 13) ; ces sens internes, chez l'homme, sont au nombre de quatre : le « sens commun » qui discerne, réunit et coordonne les données venues des sens particuliers ; l'« imagination » capable de retenir, de conserver et de reproduire les représentations qui lui sont venues des objets extérieurs (phantasmes ou images) ; la « cogitative », appelée « estimative » chez les animaux, et dont le rôle est d'apprécier les cas particuliers et concrets sans faire appel à la raison qui ne connaît que l'universel ; la « mémoire » enfin, qui se distingue de l'imagination en raison du pouvoir qu'elle a de se représenter les choses comme passées et d'y joindre le sens de l'utile ou du nuisible.

Raisons séminales. La doctrine des « raisons séminales », d'origine stoïcienne, mais reprise et mise au point par Plotin (cf. *Enn.*, II, 3, 13-17, et III, 1, 7), semble avoir été empruntée par Augustin aux néo-platoniciens (*cf.* Ét. Gilson, *Introduction à l'étude de saint Augustin*, p. 169; M. Mellet et Th. Camelot, dans Saint Augustin, *La Trinité, B.A.*, 15, note complémentaire n° 27, p. 581-582; P. Agaësse et A. Solignac, dans Saint Augustin, *La Genèse au sens littéral, B.A.*, 48, note complémentaire n° 21, p. 653-668). Selon Augustin (*De Genesi ad litteram*, VI, c. 10; *De Trinitate*, III, c. 8-9), ces raisons séminales ont été créées par Dieu dès l'origine comme des semences ou des germes contenant toutes choses et destinées à se développer dans la suite des temps. Elles permettent donc de rendre compte du devenir des choses dans le temps tout en maintenant que celles-ci ont toutes été créées simultanément et parfaites en leur genre. Cette doctrine augustinienne a fait l'objet d'interprétations assez diverses. Saint Thomas, quant à lui, recourt à plusieurs reprises à la notion de raison séminale et se réfère à ce propos aux textes d'Augustin cités ci-dessus (cf. *De veritate*, q. 5, a. 9, ad 8; *ST* I, q. 62, a. 3, c.; q. 115, a. 2, etc.). Il les interprète de la manière suivante : « Selon Augustin, on appelle raisons séminales toutes les forces actives et passives que Dieu a conférées aux créatures et par le moyen desquelles celles-ci produisent leurs effets naturels... Les raisons séminales sont appelées ainsi en tant que tous les effets sont contenus originairement dans les causes actives comme en certaines semences » (*De veritate, loc. cit.*); ou encore : « C'est avec raison qu'Augustin donne le nom de raisons séminales à toutes les forces actives et passives qui sont à l'origine de la génération et des mouvements naturels des êtres » (*ST* I, q. 115, a. 2, c.). Il s'agit donc de principes immanents que saint Thomas considère comme de véritables causes : « De ce que Augustin a dit des raisons séminales, écrit-il encore, on peut conclure que, de même que la semence est une cause, de même les raisons séminales sont elles aussi des raisons causales » (*ibid.*, ad 4). Ces causes sont des causes secondes. Elles doivent être évidemment distinguées de la cause première qui est Dieu et en qui se trouvent les raisons primordiales des choses ; mais elles doivent l'être également des causes ou agents externes, qui agissent du dehors. Dans son *De magistro* (a. 1, ad 5), saint Thomas peut donc dire que la science préexiste d'une certaine manière en celui qui est enseigné, non pas « en acte complet », mais « comme en des raisons séminales », en ce sens que les notions ou principes universels, dont la connaissance est naturellement déposée en nous, sont « comme les semences » d'où naissent toutes nos autres connaissances. Mais le maître contribue à faire passer à l'acte, par son enseignement, ce qui n'était qu'en puissance et virtuellement en son disciple. Il exerce donc, de la sorte, lui aussi, une causalité véritable.

Similitude. *Cf.* **Espèce, Phantasme.**

Substance. *Cf.* **Acte.**

BIBLIOGRAPHIE [1]

Collections

B.A. = *Bibliothèque augustinienne*, publiée sous la direction des Études augustiniennes. *Œuvres de saint Augustin*, Paris, Desclée de Brouwer, 1936 *sq.*

C.C.L. = *Corpus christianorum, Series latina*, Turnhout, Brepols, 1954 *sq.*

E.L. (Édition léonine) = *Sancti Thomae de Aquino opera omnia, jussu Leonis XIII P.M. edita*, Rome, Sainte-Sabine, 1888 *sq.*

P.L. = *Patrologiae cursus completus, Series latina*, éd. J.P. Migne, 217 volumes, Paris, 1844-1855.

P.G. = *Patrologiae cursus completus, Series graeca-latina*, éd. J.P. Migne, 167 volumes, Paris, 1857-1866.

S.C. = *Sources chrétiennes*, Paris, Cerf, 1942 *sq.*

Œuvres de Saint Thomas

Cat. aurea = *Catena aurea in quatuor evangelia*, éd. A. Guarienti, 2 vol., Turin-Rome, Marietti, 1953.

C. Gent. = *Summa contra Gentiles*, texte de *E.L.*, introd. A. Gauthier, trad. R. Bernier, M. Corvez, L.J. Moreau, M.J. Gerlaud et F. Kerouantan, 4 vol., Paris, Lethielleux, 1951-1961.

---

1. Cette bibliographie concerne exclusivement la traduction et le vocabulaire. Les notes de l'introduction comportent les indications complètes des ouvrages cités.

De anima = *Quaestio disputata de anima*, éd. M. Calcaterra et T.S. Centi (*Quaestiones disputatae*, vol. 2), Turin-Rome, Marietti, 1949, p. 277-362.

De cognit. hom. = *Quaestio disputata XVIII de cognitione primi hominis in statu innocentiae*, *E.L.*, t. XXII (*Quaestiones disputatae de veritate*), vol. 2, fasc. 2, 1972, p. 529-559.

De magistro = *Quaestio disputata XI de magistro*, *E.L.*, t. XXII (*Quaestiones disputatae de veritate*), vol. 2, fasc. 1, 1970, p. 347-363. [Pour les traductions italienne et anglaise, voir § IV à Casotti M., Gregory T., et Mc Glynn J.V.].

De malo = *Quaestiones disputatae de malo*, éd. P. Bazzi et P.M. Pession (*Quaestiones disputatae*, vol. 2), Turin-Rome, Marietti, 1949, p. 437-699.

De potentia = *Quaestiones disputatae de potentia*, éd. P.M. Pession (*Quaestiones disputatae*, vol. 2), Turin-Rome, Marietti, 1949, p. 1-276.

De princ. nat. = *De principiis naturae ad fratrem Sylvestrum*. *E.L.*, t. XLIII (*Opuscula*), 1976, p. 37-47. Le même opuscule a été édité par J.J. Pauson, Fribourg-Louvain, 1950.

De providentia = *Quaestio disputata V de providentia E.L.*, t. XXII (*Quaestiones disputatae de veritate*), vol. 1, fasc. 2, 1970, p. 137-171.

De spiritualibus creaturis = *Quaestio disputata de spiritualibus creaturis*, éd. M. Calcaterra et T.S. Centi (*Quaestiones disputatae*, vol. 2), Turin-Rome, Marietti, 1949, p. 363-415. Le même texte a été édité par L.W. Keller, *Tractatus de spiritualibus creaturis*, Rome, 1946.

De unit. intell. = *De unitate intellectus contra Averroïstas*, *E.L.*, t. XLIII (*Opuscula*), 1976, p. 289-314.

De veritate = *Quaestiones disputatae de veritate*, *E.L.*, t. XXII, 3 vol., 1970-1976 ; éd. R. Spiazzi (*Quaestiones disputatae*, vol. 1), 8 e éd., Turin-Rome, Marietti, 1949. (Pour la traduction anglaise, voir § IV à Mulligan R.W. et col.).

De virt. in comm. = *Quaestio disputata de virtutibus in communi*, éd. P.A. Odetto (*Quaestiones disputatae*, vol. 2), Turin-Rome, Marietti, 1949, p. 701-751.

In libr. de anima = *In Aristotelis librum de anima commentarium*, éd. A.M. Pirotta, 4 e éd., Turin-Rome, Marietti, 1952.

In Metaph. = *In duodecim libros Metaphysicorum Aristotelis expositio*, éd. R. Spiazzi, Turin-Rome, Marietti, 1950.

Quodlibeta = *Quaestiones quodlibetales*, éd. R. Spiazzi, 9 e éd., Turin-Rome, Marietti, 1956.

S. th. = *Summa theologiae*, *E.L.*, t. IV-XII, 1888-1906 ; trad. fr., *Somme théologique*, Paris-Tournai-Rome, Éditions du Cerf-Desclée et Cie, 1925 *sq.*

Super Boet. de Trin. = *Super librum Boethii de Trinitate expositio*, éd. B. Decker, Leiden, Brill, 1955.

Super Sent. = *Scriptum super libros Sententiarum magistri Petri Lombardi*, éd. P. Mandonnet et M.F. Moos, 4 vol., Paris, Lethielleux, 1929-1947.

Œuvres d'auteurs anciens

ALFABARI (AL-FARABI), *De intellectu et intellecto*, éd. de Venise, 1508.

ALGAZEL (AL-GHAZALI), *Metaph.* = *Algazel's Metaphysics*, trad. latine, J.T. Muckle, Toronto, St Michael's College, 1933.

ARISTOTE (édition de référence : *Aristoteles graece, ex recensione I. Bekkeri, ed. Academia Regia Borussica*, 2 vol., Berlin, Reimer, 1831).

– *Anal. post.* = *Organon*, t. IV : *Les Seconds analytiques*, trad. fr., J. Tricot, nouvelle éd., Paris, Vrin, 1970.

– *Cat.* = *Organon*, t. I : *Catégories*, trad. fr., J. Tricot, nouvelle éd., Paris, Vrin, 1966.

– *De anima* = *De l'âme*, trad. fr., J. Tricot, nouvelle éd., Paris, Vrin, 1934 ; A. Jannone, E. Barbotin, Paris, Les Belles Lettres, 1966.

– *De insomniis* = *Aristotelis de insomniis et de divinatione per somnum*, éd. et trad. latine H.J. Drossaert Lulofs, 2 vol., Leiden, Brill, 1947.

– *Eth. Nic.* = *Éthique à Nicomaque*, trad. fr., J. Tricot, 2 e éd., Paris, Vrin, 1967; R.A. Gauthier et J.Y. Jolif, 3 vol., Louvain-Paris, Nauwelaerts, 1958-9.

– *Metaph.* = *La Métaphysique*, trad. fr., J. Tricot, nouvelle éd., 2 vol., Paris, Vrin, 1974.

– *Meteor.* = *Les Météorologiques*, trad. fr., J. Tricot, nouvelle éd., Paris, Vrin, 1955.

– *Phys.* = *Physique*, éd. et trad. fr., H. Carteron, 2 vol., Paris, Les Belles Lettres, 1926-1931.

AUGUSTIN (SAINT), *De bono conjugali*, *P.L.*, 40, col. 373-396; *B.A.* (G. Combès), vol. 2, 1937, p. 17-87.

– *De disciplina christiana* = *Sermo de disciplina christiana*, *P.L.*, 40, col. 669-678; *C.C.L.*, 46, p. 205-224.

– *De diversis quaestionibus 83*, *P.L.*, 40, col. 11-100; *C.C.L.*, 44 A, p. 1-249; *B.A.* (G. Bardy, J.A. Beckaert, J. Boutet), vol. 10, 1952, p. 52-379.

– *De doctrina christiana*, *P.L.*, 34, col. 15-122; *C.C.L.*, 32, p. 1-167; *B.A.* (G. Combès, J. Farges), vol. 11, 1949, p. 168-541.

– *De dono perseverantiae, liber ad Prosperum et Hilaricum*, *P.L.*, 45, col. 993-1034; *B.A.* (J. Chéné, J. Pintard), vol. 24, 1962, p. 599-765.

– *De Genesi ad litteram, libri duodecim*, *P.L.*, 34, col. 245-486; *B.A.* (P. Agaësse, A. Solignac), vol. 48-49, 1972.

– *De Genesi contra Manichaeos*, *P.L.*, 34, col. 173-220.

– *De libero arbitrio*, *P.L.*, 32, col. 1221-1310; *C.C.L.*, 29, p. 211-321; *B.A.* (G. Madec), vol. 6, 3 e éd., 1976, p. 155-529.

– *De magistro*, *P.L.*, 32, col. 1193-1220; *C.C.L.*, 29, p. 157-203; *B.A.* (G. Madec), vol. 6, 3 e éd., 1976, p. 9-153.

– *De musica*, *P.L.*, 32, col. 1081-1194; *B.A.* (G. Finaert, F.J. Thonnard), vol. 7, 1947.

– *De Trinitate*, *P.L.*, 42, col. 819-1098 ; *C.C.L.*, 50-50 A ; *B.A.* (E. Hendrikx, M. Mellet, Th. Camelot, P. Agaësse, J. Moingt), vol. 15-16, 1955.

– *Enarrationes in Psalmos*, *P.L.*, 36-37 ; *C.C.L.*, 38-39-40.

– *In epist. Johann. ad Parthos* = *In epistolam Johannis ad Parthos*, *P.L.*, 35, col. 1977-2062.

– *Quaestiones in Exodum* (*Quaestionum in Heptateuchum libri VII*, 1.2), *P.L.*, 34, col. 597-674 ; *C.C.L.*, 33, p. 70-174.

– *Retractationes*, *P.L.*, 32, col. 583-656 ; *B.A.* (G. Bardy), vol. 12, 1950.

– *Sermones – Sermones de Tempore* (*Sermonum classes quatuor*, cl. 2), *P.L.*, 38, col. 995-1248.

AUGUSTIN (PSEUDO-), *De ecclesiasticis dogmatibus* = *Gennadius Massiliensis de ecclesiasticis dogmatibus*, *P.L.*, 58, col. 979-1000.

AVERROÈS (IBN ROSHD), *De anima* = *Commentarium magnum in Aristotelis de anima libros*, éd. F.S. Crawford (*Corpus commentariorum Averrois in Aristotelem, versionum latinum*, vol. VI, 1), Cambridge (Mass.), The medieval Academy of America, 1953.

– *Phys.* = *Aristotelis stagyritae libri physicorum octo, Averroes eius exactiss. interprete*, Lyon, J. Giunta, 1542.

AVICENNE (IBN SINA), *De anima* = *Liber de anima seu sextus de naturalibus*, éd. S. Van Riet, 2 vol., Louvain-Leiden, 1968-1972.

– *Metaph.* = *Metaphysica*, reproduction de l'éd. de Venise 1520, Saint Bonaventure (N.Y.), The Franciscan Institute Publications, 1948. *La Métaphysique du Shifa*, trad. fr., M.M. Anawati, à partir de l'éd. du Caire, Paris, Vrin, 1978.

BOÈCE, *De consol. phil.* = *De consolatione philosophiae*, *P.L.*, 63, col. 547-862 ; *C.C.L.*, 94. *La consolation de la philosophie*, trad. fr., A. Bocognano, Paris, Garnier, 1937.

CHRYSOSTOME (PSEUDO-), *Opus imperfectum in Mt* = *Diatriba ad opus imperfectum in Matthaeum*, *P.G.*, 56, col., 601 *sq.* ; *ibid.*, 57-58.

DENYS L'ARÉOPAGITE (PSEUDO-), *De coelesti hierarchia*, *P.G.*, 3, col. 120-369; *Dionysiaca*, éd. Ph. Chevallier, vol. 2, Paris, Desclée de Brouwer, 1950, p. 727-1039; *La hiérarchie céleste*, *S.C.* (R. Roques, G. Heil et M. de Gandillac), vol. 58, 1958.

GLOSSA = *Biblia sacra cum glossa ordinaria*, 6 vol., Anvers, 1617-1634; *P.L.*, 113-114.

GRÉGOIRE LE GRAND (SAINT), *In Ezech.* = *Homiliarum in Ezechielem prophetam libri duo*, *P.L.*, 76, col. 785-1072; C.C.L., 142.

JEAN DAMASCÈNE (SAINT), *De fide orthodoxa*, *P.G.*, 94, col. 789-1228. *De fide orthodoxa*, versions of Burgundio and Cerbanus, éd. E.M. Buytaert, Saint Bonaventure (N.Y.), The Franciscan Institute Publications; Louvain (Belgique), E. Nauwelaerts; Paderborn (Allemagne), F. Schöningh, 1955. *La foi orthodoxe*, trad. fr., E. Ponsoye, Saint Denis, Institut orthodoxe français de théologie de Paris, 1966.

PIERRE LOMBARD, *Collectanea in epist. Pauli* = *Collectanea in omnes D. Pauli Apostoli epistolas*, *P.L.*, 191, col. 1297-1696; *ibid.*, 192, col. 9-520.

PLOTIN, *Enn.* = *Ennéades*, éd. et trad. fr., É. Bréhier, 7 vol., Paris, Les Belles Lettres, 1924-1938.

Œuvres d'auteurs modernes

CASOTTI M., *S. Tommaso d'Aquino, De magistro*, 5e éd., Brescia, La Scuola, 1967.

CHENU M.D., *Introduction à l'étude de saint Thomas d'Aquin*, 3e éd., Montréal-Paris, Vrin, 1974.

– *Saint Thomas d'Aquin et la théologie*, Paris, Seuil, 1959.

CORBIN H., *La philosophie islamique des origines à la mort d'Averroès*, dans *Histoire de la philosophie*, B. Parain (dir.), vol. 1, « Encyclopédie de la Pléiade », Paris, Gallimard, 1969, p. 1048-1197.

DONDAINE A., *Secrétaires de saint Thomas*, 2 vol., Rome, Commission léonine, 1958.

GILSON É., *Introduction à l'étude de saint Augustin*, 4ᵉ éd., Paris, Vrin, 1969.

– *La philosophie de saint Bonaventure*, 2ᵉ éd., Paris, Vrin, 1943.

– *Le thomisme. Introduction à la philosophie de saint Thomas d'Aquin*, 6ᵉ éd. revue, Paris, Vrin, 1962.

– *La philosophie au Moyen Âge*, Paris, Payot, 1976.

– « Pourquoi saint Thomas a critiqué saint Augustin », *Archives d'histoire doctrinale et littéraire du Moyen Âge*, t. 1, Paris, Vrin, 1926, p. 5-127.

– « Réflexions sur la controverse saint Thomas – saint Augustin », dans *Mélanges Mandonnet*, vol. 1, Paris, Vrin, 1930, p. 371-383.

GREGORY T., *Tommaso d'Aquino, De magistro*, Rome, Armando Armando, 1965.

LITT TH., *Les corps célestes dans l'univers de saint Thomas*, « Philosophes médiévaux », t. VII, Louvain-Paris, Publications universitaires-Béatrice Nauwelaerts, 1963.

MC GLYNN J.V., *St. Thomas Aquinas, Truth, q. X-XX*, vol. 2, Chicago, Henry Regnery Company, 1953.

MULLIGAN R.W., MC GLYNN J.V. et SCHMIDT R.W., *St. Thomas Aquinas, Truth*, 3 vol, Chicago, Henry Regnery Company, 1952-1954.

SABATIER P., *Bibliorum sacrarum latinae versiones antiquae*, 2 vol., Reims, B. Florentain, 1743 ; réimpression 3 vol., Turnhout, Brepols, 1976.

SCHÜTZ L., *Thomas-Lexicon*, 2ᵉ éd., Paderborn, 1895 ; réimpression, Stuttgart, Fr. Frommanns Verlag – Günther Holzboog, 1958.

VAN STEENBERGHEN F., *La philosophie au XIIIᵉ siècle*, « Philosophes médiévaux », t. IX, Louvain-Paris, Publications universitaires – Béatrice Nauwelaerts, 1966.

WALZ A., *Saint Thomas d'Aquin*, adaptation française par Paul Novarina, « Philosophes médiévaux », t. V, Louvain-Paris, Publications universitaires – Béatrice Nauwelaerts, 1962.

INDEX DES NOMS

AUTEURS CITÉS DANS L'INTRODUCTION, LES NOTES DE LA TRADUCTION ET LE VOCABULAIRE

AUTEURS CITÉS PAR THOMAS D'AQUIN DANS TEXTE LATIN

INDEX DES NOTIONS

(sont indéxées les notions principales de l'introduction, de
la traduction, et du vocabulaire)

TABLE DES MATIÈRES

THOMAS D'AQUIN

QUESTIONS DISPUTÉES SUR LA VÉRITÉ, QUESTION XI
LE MAÎTRE (*DE MAGISTRO*)

Imprimé en France par CPI
en août 2016

Dépôt légal : août 2016
N° d'impression : 137011